COACHING

人生を変える!

「コーチング脳」のつくり方

BRAIN

株式会社アナザーヒストリー
宮越大樹
Miyakoshi Daiju

ぱる出版

はじめに

20代の最後。新人マネージャーだった僕は、結果を焦って、チームメンバーに対して感情的に指示・命令を繰り返していました。そのせいでチームは崩壊寸前。僕は根本的に「やり方」を変える必要に迫られていました。そのときに出会ったのがコーチングです。

当初、コーチングはチームマネジメントの一手法にすぎないと思っていました。けれど、最初に受けたコーチング、そしてその背景にあった「アドラー心理学」との出会いによって、僕の人生は大きく方向転換をしたのです。

発想の仕方が根本から変わり、普段のコミュニケーションも変わりました。その結果、チームのみんなも自然と意欲的でクリエイティブになって、どんどん結果が出るようになりました。僕はコーチングの魅力に夢中になり、いつしかコーチングを教えることが仕事になりました。ダメマネージャーが、1800人以上のコーチを育てるまでになったのです。

この本は、あなたに「コーチング脳」を手に入れてもらいたくて書きました。あなたにも、自然とコーチのような発想をし、普段からコーチのような関わりをしてもらいたい。そうなれば、そこにあなたがいるだけで、周りの人たちのモチベーションが上がり、創造性が向上します。そして何よりみんなが楽しく、幸せになります。

そのため、この本では、コーチングに関する「エピソード」をたくさん紹介しています。ぜひその場にいるかのようにイメージしながら読んでみてください。そうすることで、あなたの脳がコーチングに関するイメージを持つようになっていきます。自然とコーチングができるようになるには「具体的なイメージ」を持つことがとても大切なのです。

そしてコーチングの背景にあるアドラー心理学や人間性心理学の考え方についても解説しています。これらを理解すれば、コーチングのスキルを、適切な形で自信を持って使えるようになります。具体的なイメージと根本にある理論。この両輪をベースとして練習を重ねるから、あなたもシンプルで効果の出るコーチングができるようになるのです。

それでは、スタートしましょう。物語は僕がコーチングと出会った頃のエピソードから始まります。僕の人生が変わった体験。そこには、どんなコーチの関わりがあったのでしょうか。それにより何が起こったのでしょうか。

もくじ

はじめに　3

第1部 コーチングの背景にある「考え方」を理解する

第1章　自分の未来を選び直す

❶ 僕がコーチングを学ぶきっかけとなった出来事　14
❷ 延長線の上にはない未来をつくる技術　18
❸ コーチングの理論的背景――アドラー心理学　21
❹ 未来は「望んだ通りになる」と考える　24
❺ 自分で選択した行動なら、自分で変えられる　28

第2章　いま自分を動かしているものは何か？

❶ コーチングスクールで最初に教えられたこと　33

❷ コーチングにおける「目的」と「目標」の関係 37
❸ あなたの行動の裏にある「隠された目的」 39
❹ 何が自分の人生なのか？ 「本当の目的」に気づき、生きる 43
❺ [ワーク] あなたの「隠された目的」は？ 47

第3章 「自分」を知るために

❶ 忘れていた高校時代の思い出が語るもの 49
❷ 「感情を伴うエピソード」に大切なヒントがある 53
❸ [ワーク] あなたが人生で大切にしたいベスト5は？ 56

第4章 新しいゴールと新しい行動パターン

❶ 「本当はどんな未来を望んでいるの？」と質問されて 60
❷ 新たにゴールを設定する 62
❸ GROWモデルを使ったコーチング 67
❹ 意識化できていないことを「引き出す」 74
❺ 行動は最初からうまくいくわけではない 76

第5章　心のブレーキとの関わり方
❶ 優しい課長を前に、震えが止まらなかった理由　81
❷ 無意識の「ブレーキ」には目的がある　90
❸ 過去の体験に対する認知を見直す　92
❹ ［ワーク］あなたの「ブレーキ」の目的は何か？　93

第6章　初めてのコーチングから1年後
❶ 僕のチームにどんな変化が起きたか　95

第2部
コーチがつくる関係と
基本的なスキル

第1章　何でも話してもらえる関係を目指す
❶ コーチングは何のためのコミュニケーションか？　100

❷ 相手の心理的安全性を確保する 103
❸ マインドフルであること 107
❹ コーチとクライアント それぞれの役割 109
❺ 「守秘義務」と「二重関係」の回避 113

第2章 自己実現を促進するコーチの態度と聴き方

❶ 居酒屋マネージャー時代に出会った女子高生 116
❷ コーチングに必要な能力はすでに備わっている 122
❸ 誰もが自己実現傾向を持って生きている 124
❹ 実現傾向を邪魔する「関係性」の存在 128
❺ 実現傾向を取り戻すための3条件 132
❻ 相手の話を「傾聴」することがスタート 138
❼ 相手の「沈黙」を大切にする 143
❽ 「確認の質問」で傾聴を深める 145
❾ 相手を勇気づけるための関わりを続ける 151
❿ [コラム] 人間の2種類の欲求 「成長欲求」と「欠乏欲求」 153

第3章　コーチングの骨格を理解する

❶「時間」の使い方を意識する　157
❷コーチングの「基本モデル」　159
❸基本モデルを使用した事例　ゴルファーとスポンサー　166
❹質問の「幹」と「流れ」をイメージする　171
❺効果の出る「ゴール設定」の条件とは？　174
❻「ゴール設定」前後のやりとり　178
❼「質問」だけではないコーチの関わり　182
❽自分軸が明確にならない場合　二つの指針　184
❾コーチの観察ポイント　187
❿コーチングの「スキル」より大切なこと　192
⓫［コラム］「プロブレムフリー」な時間を　196

第4章　自己実現と社会貢献の接点を探る

❶転職したいと打ち明けるメンバーを前に　199
❷「自分軸」から「共有ゾーン」に至る　202

❸ 何でも言い合えて、一緒に考えられる関係　205

第5章　コーチング開始1年後に待っていたこと

❶ コーチングを拒むKさんの本当の理由　208

第3部　コーチとして成長していくために

第1章　コーチングフィードバックをもらう

❶ コーチングの結果を把握する　214

❷ コーチ仲間からアドバイスをもらう　217

❸ 自ら振り返りを行う　219

第2章　コーチングの時間の使い方を研究する

❶ タイムマネジメントに悩む女性のユニークな結論　220

❷ コーチングはクライアントの「作戦タイム」 228
❸ テーマが生まれた背景に意識を向ける 230
❹ なぜか長期計画が立てられない経営者 232

第3章 コーチ自身の基盤を整える
❶ 自分の人生を生きている度合いを上げる 238
❷ 自分らしく生き、周りの人と助け合いながら暮らす 240
❸ 「劣等感」は悪いものではない 245

第4章 潜在力を発揮するために
❶ 持っている力をすべて発揮できるコーチになるには？ 250
❷ 観察力を磨くマインドフル瞑想 252
❸ 直感力を鍛える 255

第5章 コーチングの可能性に触れる
❶ 〝世界へのチャレンジ〟をコーチングする 258
❷ 「タイムライン」の編集を手伝う 268

❸ 倒れた母親か、海外でのキャリアか？ 272
❹ 「ポジションチェンジ」の活用 282

第6章 制約のない未来を考える　コーチングの可能性

❶ 脊椎損傷のクライアントとの付き合いを通じて 288
❷ あなたの関心が世界を変える 295

おわりに――今日から未来 300

第1部
コーチングの背景にある「考え方」を理解する

第1章　自分の未来を選び直す

❶ 僕がコーチングを学ぶきっかけとなった出来事

「だからお前はダメなんだよ」――失敗からのスタート

僕の予想では、うまくいくはずだった。でも彼女の反応はまったく予想外のものだった。

「本当にわからないんですよ。もう帰ってもいいですか？」

彼女は明らかに不機嫌そうな表情で席を立とうとした。僕はそれを制止して、矢継ぎ早に質問をした。彼女は言った。「本当にやめてください。嫌なんです。なんでこんなことに付き合わなきゃいけないんですか」。僕は思い通りにいかないことにイライラし始めていた。そしてまた言ってしまった。

「何でこんなことも答えられないんだ。だからお前はダメなんだよ」

彼女は涙目で僕を睨《にら》んで、黙って会議室を後にした。彼女を止められなかったし、もう止める理由がなかった。僕は何をやっているんだろう。コーチングで何かが変わると思ったのに、何も変わらなかった。それどころか、ますます状況を悪くしてしまった。

「監獄」の「看守」と呼ばれて

当時僕は28歳で、初めて自分のチームを持って張り切っていた。ハードワークをモットーに、がむしゃらに働いてきたのが評価されたのだ。責任あるポジションを任せてくれた上司の期待に応えたかった。そして今度はリーダーとして結果を出したかった。

でも実際のところ、どんなふうにチームメンバーとコミュニケーションをとったらいいかなんて、少しもわかってなかった。だから、それまで自分がやってきたやり方＝ハードワークを、同じようにチームメンバーにもさせようとしていた。それで結果が出るはずだから、みんなにとっても、チームにとっても良いことだと思い込んでいた。

そして厄介なことに、年上のメンバーに「なめられたらいけない」という思いも強かったから、僕の言い方は高圧的だった。当然のように反発してくる相手に、ますます高圧的に指示を出し、僕のやり方を強要しようとしていた。

その結果、僕のチームは「監獄」と呼ばれるようになっていた。みんなを机に縛りつけ、事細かに指示し、なぜできないのかと問い詰める僕が「看守」だった。黙って言うことをきいているメンバーと露骨に反発してくるメンバー。しかしいずれもやる気は乏しく、なんとか僕を外したいと思っていたはずだ。

「このままいくとどうなるだろう？」

僕は自分自身に問いかけた。答えは明らかだ。チームは崩壊状態。リーダー失格だった。

「質問型マネジメント」という言葉を手がかりに

これまで必死で頑張ってきたのに、こんな形で終わる。それだけは嫌だった。だから何かを変えようと思った。でも何をどうしたらいいかわからない。帰り道に立ち寄った書店で手にとった一冊の本。「質問型マネジメント」という言葉が目にとまった。ページをめくると僕がやっていたのは「命令型マネジメント」で、本には、それとは対極の考え方が書かれていた。それがコーチングとの出会いだった。

何かが変わる予感がして、何冊かコーチングの本を買って貪るように読んだ。なんとなく理屈がわかった気がした。まず相手に「今期は何を目標にしたい？」などと質問して目標を語ってもらうのだ。そして目標の実現方法も、「どうしたら実現できると思う？」と相手に考えてもらうのだ。相手は自分で考え、自分で口にしたことだから納得感を持って、主体的に取り組む。それまでメンバーに質問したことなどなかった。素晴らしい考えに思えた。

まずは役に立ちそうな質問をいくつも覚えた。そして意を決して、チームメンバーに対して「コーチング」するための時間をとった。

その結果が「本当にわからないんです。もう帰ってもいいですか？」だったのだ。僕のコーチングを通じて、ますますチームの雰囲気は悪くなった。本に書かれていたことと何かが違う。でもどこをどう変えたらいいのか、自分ではわからなかった。

「まず自分の生き方に向き合う」――最初に出会った意外な教え

ただ自分が変わる必要があるのは直感していた。そうしないともうこの会社に僕の未来はない。何とかチームメンバーにやる気を出してもらい、結果を出さなくては。

そうして僕はコーチングスクールの門を叩いた。コーチングのスキルをちゃんと学んで、メンバーをコーチングできるマネージャーになるんだ。そう思っていた僕を待っていたのは予想と違って、アドラー心理学と、「まず自分の生き方に向き合う」という教えだった。

❷ 延長線の上にはない未来をつくる技術

「嫌だ！」と思った瞬間から

いきなりでしたが、僕がコーチングを学ぶきっかけになった出来事を紹介させてもらいました。

コーチングとの出会いは僕の人生の最大の転機となりましたが、その出会いは「このままいくとどうなるのだろう？」という自分への質問からスタートしました。

目の前で起きていることを観察しながら、少し先の未来を予測してみる。そうすることで、「いまの延長線上にはどんな未来が待っているのか」イメージできます。その未来を「嫌だ！」と思った時に、私たちは新しい行動を始めます。新しい未来をつくるためにです。

このままいくとチーム崩壊とわかっていても、当時の僕はそれを回避するために何をしたらいいかわかりませんでした。だから、何か新しい行動のヒントになるものを、無意識のうちに探していたのだと思います。そしてコーチングの本に出会った時、希望の光が差し込んだような感覚になったのを覚えています。

「これで未来が変わるんじゃないか？」

なぜかそんなふうに直感しました。そうして自分なりにコーチングを学び始めました。

最初にやってみたコーチングは悲惨なものでしたが、諦めなかったのは、未来を変えたい

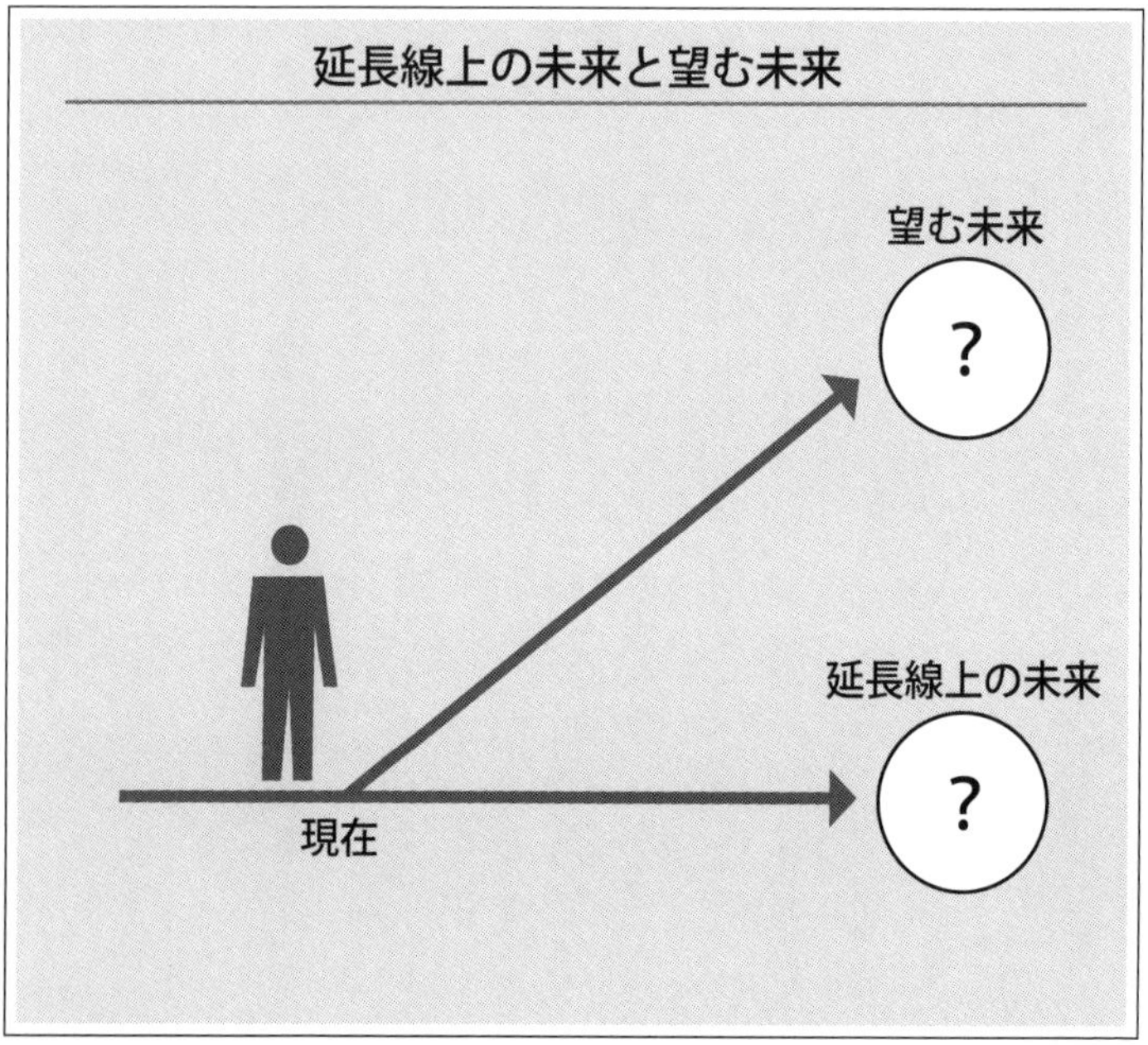

という意識が強かったからだと思います。

二つの未来を描いてみる

この本を手にとっているあなたも、きっとコーチングに関心を持ったきっかけがあると思います。少しその時のことを思い出してみて欲しいのです。それはいつですか?

あなたは何を変えたかったのでしょう?
あなたはどんな未来が欲しかったのでしょう?
どんな未来を避けたかったのでしょう?

上の図をイメージしながら、二つの未来を思い描き、未来をより望ましい方向に変えていく考え方や行動の仕方を探してみて欲しいのです。僕はあなたがそうするお手伝いをするために、この本を書いています。

❸ コーチングの理論的背景――アドラー心理学

成長と変化を支援する原理原則

このような経緯で僕はコーチングスクールに通うことを決めました。そこで出会ったのが日本を代表するコーチの一人である平本あきおさんです。彼はシカゴのアドラー心理学大学院から帰国後、アドラー心理学をベースにしたコーチングを教えていました。それが縁で、僕はコーチングだけでなく、アドラー心理学も学ぶことになったのです。

『嫌われる勇気』（岸見一郎・古賀史健著、ダイヤモンド社、2013）で脚光を浴びたアルフレッド・アドラー*1ですが、その考え方は100年以上にわたって、心理学や教育の

*1　アルフレッド・アドラー（1870–1937）は、オーストラリア出身の精神科医であり心理学者。フロイトやユングと共に臨床心理学の基礎を作った巨人です。この本の中でも紹介されているアドラーの様々な理論は、心理学の世界だけでなく、自己啓発など様々な分野に多大な影響を与えています。

世界で多大な影響を与えてきました。この本の中に登場するカール・ロジャーズ[*2]やアブラハム・マズロー[*3]も直接アドラーの影響を受けています。ビジネス系でも大ベストセラー『7つの習慣』（スティーブン・R・コヴィー）などもアドラー心理学の影響を受けているといわれます。

チームマネジメントのやり方を変えたくて、コーチングのスキルを学びに行こうと思った僕でしたが、図らずもここで、「成長支援の心理学」の源流ともいえるアドラー心理学と出会うことになったのです。これは本当にラッキーでした。コーチングの背景にある理論を学べたおかげで、コーチングがうまくいく理由も、うまくいかない理由も、だんだんとわかってきました。結果、シンプルなコーチングでも、相手に結果が生まれるようになっていきました。

コミュニケーションが変わり、人間関係が変わると、人生が変わる

変わったのはコーチングだけではありません。アドラー心理学が教えてくれるのは、人の成長や変化を支援するための原理原則なのです。それはもちろん、日常のコミュニケーションにも応用できるものです。コーチングの時間をとれなくても、普段のコミュニケーションの中で、相手を勇気づけたり、役に立つ「問いかけ」や「声がけ」をしたりするようになりました。このことの効果は大きく、チームは加速的に変化していきました。

そして自分とのコミュニケーションも変わりました。自分に対する「問いかけ」や「声がけ」が変わったのです。自分とのコミュニケーションを変えることで、より良い状態でいられるようになるし、よりパフォーマンスを発揮できる自分でいることができるのです。アドラー心理学の考え方に出会ったおかげでコミュニケーションが変わり、人間関係が変わり、人生が変わったのです。

＊2　カール・ロジャーズ（1902–1987）はアメリカ出身で、心理療法の歴史上、最も影響力のある心理学者とされています。その理論や技法は現代のカウンセリングの基礎となっています。人は自らの潜在的可能性を実現する傾向を持つと考えて、人間性心理学を創設。その影響を受けてコーチングも生まれています。

＊3　アブラハム・マズロー（1908–1970）はアメリカ出身の心理学者。自らの可能性や才能を発揮している人たちを研究対象として、欲求階層説など「自己実現」に関する理論を発表しました。彼の組織論はドラッカーなどの経営学者にも影響を与えているとされます。ロジャーズらと共に人間性心理学を創設したメンバーの一人です。

この本では、様々な実践例と共に、僕がコーチとして大切にしている考え方を紹介していきます。その多くはアドラー心理学や、その影響から生まれたものなのです。

❹ 未来は「望んだ通りになる」と考える

自分の人生は何によって決まる？

では、少しずつアドラー心理学の考え方に触れていきましょう。

アドラー心理学では「人は、望んでいるものになれる」と考えましょう、と教えられます。僕は最初にこれをきいたとき、必ず望んでいるものになれるはずなんてない、と思いました。「望んだ通りに」なるかもしれないし、ならないかもしれない。それはその通りですね。

これは、その上であえて意識的に、「望んだ通りになる」という考えを採用してみませんか？　という提案なのです。「望んだ通りになる」と考えたほうが、幸せな人生を生きるのに役に立ちやすいからです。

ここであなたに質問です。あなたは自分の人生は何によって決まると考えていますか？「受け継いだ遺伝子」「生まれ育った環境や受けてきた教育」「現在の環境や人間関係」

確かにこれらはあなたの人生に影響を与えていますね。しかしそれだけでは人生は決まりません。もう一つ、あなたの人生に大きな影響を与えているもの、それは現在のあなたの「考え方」や「行動」です。

「自分を幸せにしやすい考え」がもたらす変化

現在あなたと似たような境遇にある人でも、あなたとは「考え方」や「行動」が違うために、その後の人生が変わっていく。そんなことはいくらでもあると思います。だとしたら、より自分を幸せにしやすい「考え方」や「行動」を採用したほうが良いのではないでしょうか。

「人生は望んだ通りになる」という考えは、この「自分を幸せにしやすい考え」なのです。

なぜでしょうか。

もし「人生は望んだ通りになる」と考えるなら、過去や現在の環境を気にせず、本当に自分はどうなりたいかを熱心に考えるようになります。それによって本当の望みに気づく可能性が高まります。そして自分の望みに気づいた後も、「望んだ通りになる」のだと思うからこそ、実現方法も熱心に探そうとするでしょう。結果として人生が幸せな方向に変わっていく可能性が増えるのです。

逆に「望んだ通りにはならない」と考えるなら、あなたは本当の望みを探そうともしないでしょうし、もし自分の望みに気づいたとしても、実現の方法を熱心に見つけようとはしないはずです。このように「考え方」の違いが「行動」の違いを生み、「結果」の違いとなるのです。

「考え方」と「行動」はいつでも選び直せる

アドラー心理学では「考え方も行動も、いつでも自分で選び直すことができる」と考えます。どういうことでしょうか。あなたの現在の「考え方」や「行動」は過去の体験からの学習によって生まれていますね。

あなたが、人生は「望んだ通りにはならない」と考えているとしましょう。それは例えば、あなたの過去の、頑張ったけど報われなかった体験の虚しさから「望んだ通りにならない」と考えたほうがいいと判断した結果なのです。

しかし丁寧に振り返ってみれば、あなたにも「思った通りになった」体験もあるかも知れませんし、周りには「思った通りになる」体験をしている人もいるはずです。だから実はどちらの考え方をしてもいいのです。何を見るか、どこに意識を向けるかで考え方は変わるのです。そのことに気づいたら、意識的に別の考え方を手に入れる道がひらけるのです。

私たちはいつでも自分が「どう考え」て「どう行動するか」を選択することができる。そしてそのことによって、自分の人生を自分で変えていくことができる。これが「主体論」と呼ばれる考え方です。

「主体論」の反対の考え方は「決定論」といいます。結末はすでに決まっていてコントロールできないという考え方です。確かに過去の出来事や現在の環境は、私たちの人生に影響を与えています。けれどもそれらは私たちの人生の結末を決定してはいないのです。ぜひこのことを意識してください。どう考えるか、どんな行動をするかはあなたの自由です。あなたが決めることができます。望む未来に向けて、考え方や行動を主体的に選択し、人生を変えていく権利はいつでもあなたの手に握られているのです。

⑤ 自分で選択した行動なら、自分で変えられる

コントロールを取り戻す

考え方だけでなく、行動も自分で選択をしています。当たり前ですが、この本を読むのもやめるのもあなたが選択しているのです。他人にすすめられて無理やり読んでいるという方もいるかも知れませんが、その人との関係上、読んだほうが良いという判断を自分でしているともいえます。私たちが自分で選択しているかどうかにこだわるのは、どうしてでしょうか。自分で選択しているものなら、自分で変えられるからです。コントロールを取り戻したいのです。

別の例でも考えてみましょう。コーチングに出会った頃の僕は、いつもイライラしていました。そしてメンバーに、こと細かく指示をしていました。彼らが指示に従わないと不機嫌になって、時には怒鳴っていました。

別に毎日「今日はイライラするぞ」と決めていたわけではありません。むしろメンバーが言う通りにやらないから「イライラさせられている」と思っていました。これをアドラー心理学では「メンバーに言う通りにやらせよう」として「イライラして見せている」と考えるのです。意識的に「イライラ」していたわけではありませんが、これまでの経験に基づき無意識的に「イライラ」することを選択していたのです。

自分でもどこかで、それではダメだと気づいていました。しかしほかのより効果的な方法に気づかず、このやり方を続けてしまっていました。これまでのやり方でうまくいかなければ、新しいやり方を探して、選択すればいいのです。そうして僕の場合はコーチングの本を見つけて、それを実践してみたのです。

結果的には、最初のコーチングは大失敗に終わりました。そこで問われるのは「諦めるか、次の行動を起こすか」です。発明王エジソンは「最大の弱点は諦めること。成功する

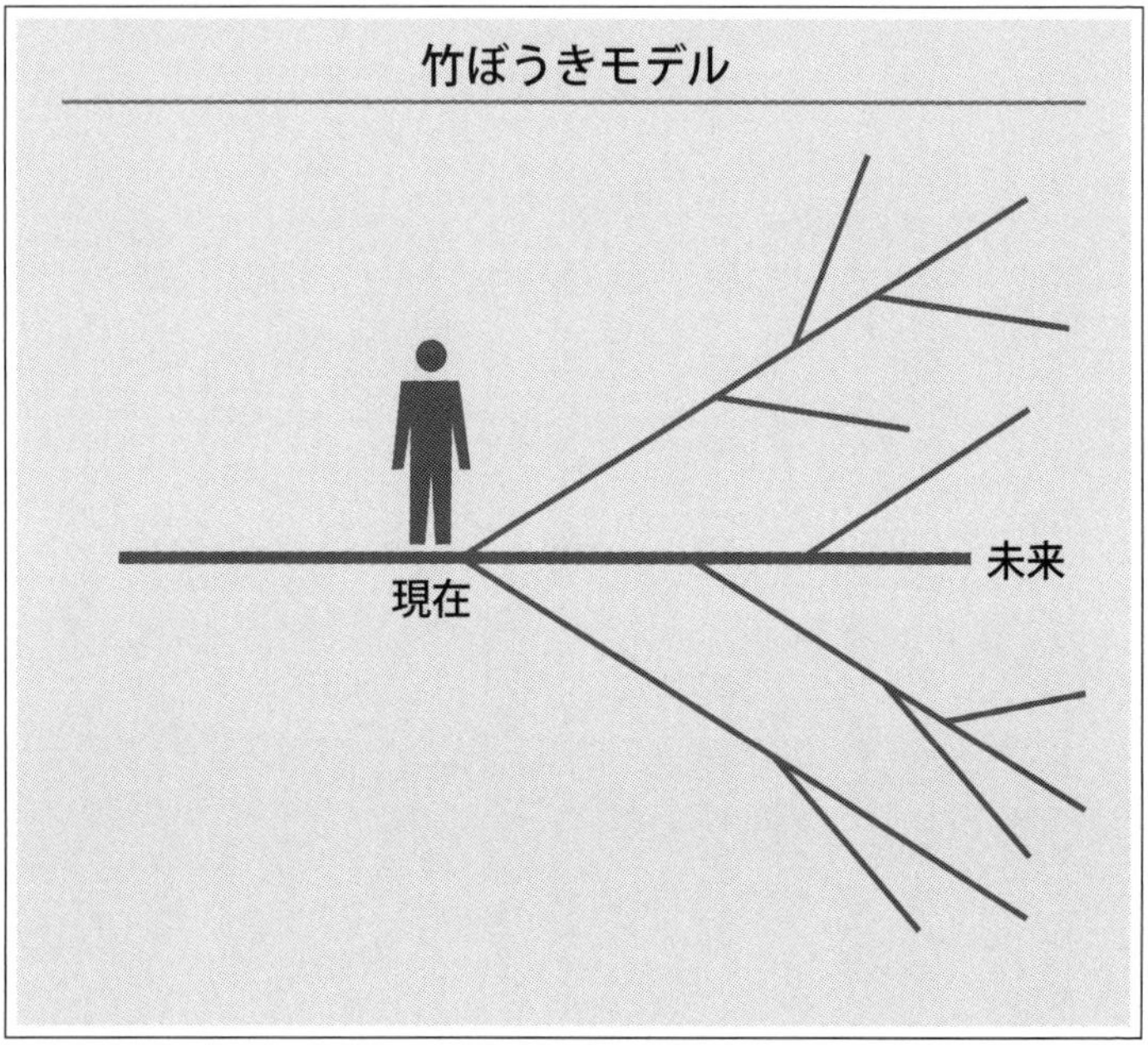

確実な方法は常にもう一回だけ試してみることだ」という言葉を残しています。実際に電球をつくる実験に散々失敗しても「うまくいかない1万通りの方法を発見しただけ」と言っていたくらいです。

失敗した時の僕には、再びコーチングをしてみる勇気はありませんでしたし、あのままやり続けてもうまくいかなかったと思います。そこでコーチングを教えてもらいに行くという次の行動を起こしたわけです。

無数の選択肢の先の無数の未来

この図のように、人生は一本道ではありません。竹ぼうきのように見えるので「竹ぼうきモデル」と呼んでいます。あなたの行動の

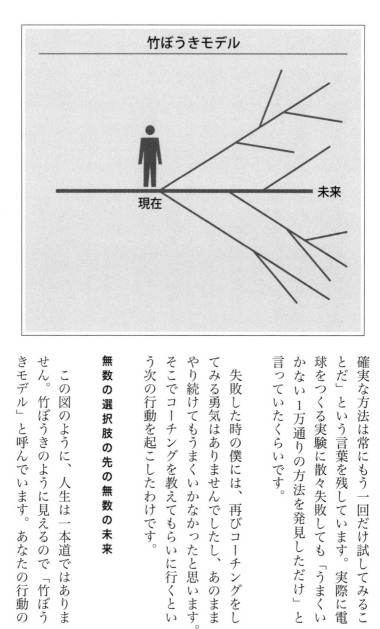

選択肢は実は無数にあります。そして、その先に無数の未来があるのです。

あなたが、どの行動を選択するかによって、いつでも別の未来への道が開かれていきます。一回の選択で起こる変化は小さいかも知れませんが、望む未来に向けて、役に立ちそうな選択を続けることで、中期的、長期的には大きな変化を起こすことができるのです。

「よりよく生きる道を探し続けることが、最高の人生を生きること」は哲学者ソクラテスの言葉ですが、まさにこのようなイメージだと思います。

「迷路」の解き方

そして「迷路を解くコツ」を思い出してください。そうです、ゴールから逆にたどることですね。先ほどの図で考えれば、望む未来を決めてから、そのためにどんな選択をすればいいか逆算していけばいいのです。

後にも触れますが、望むゴールが明確になれば、私たちの無意識は、そこに向けて新たに動き始めます。過去の経験の中から、ゴール達成に役立ちそうなヒントを探し、それを試してみようとするのです。無意識がヒントを探すのは、過去の経験の中からだけではありません。広く世の中を見渡し、役に立ちそうなものを勝手にサーチし始めます。ですから街中で何かを見たり、誰かの話を聞いたりしている中から、突然、次に何をしたらいいかのヒントが浮かんで来たりするのです。

第2章　いま自分を動かしているものは何か？

❶　コーチングスクールで最初に教えられたこと

自分軸から「本当の目標」をつくる

「あなたの目標は何ですか？」

コーチングスクールの初日。先生に質問された。僕は会社の目標を思い出していた。それは結構チャレンジングな目標だった。先生はさらに質問を重ねてきた。

「それはあなたが本当に望んでいることですか？」

質問されている意味がよくわからなかった。僕が本当に望んでいること？　それは何のことだろう。自分でつくった目標だし、上司からも評価されていた。でも「本当に望んでいるか？」と問われると、心が違うと言っているような感じがした。その違和感のために、本当に望んでいるとは言えなかった。先生は続けた。

「まずは、あなたが心から望んでいることに気づきましょう。目標はそこからつくって欲しいのです。心から望んでいることが叶うから幸せになるのです」

「コーチングでは、人はそれが何であれ、望んでいるものになれるという前提で考えます」

「だからまずは実現方法のことは考えないでください。実現できるかどうかは、後で考えたらいいのです。まず自分が本当に望んでいることを探しましょう。望んでいることが明らかになれば、その実現の方法は何らか見つかるものです」

「コーチングをしようとする前に、コーチングを受けてください。本当に望んでいることを明らかにして、そこから目標をつくりましょう。偽物の目標でなく、本当の目標をつくるのです。そして、その目標に向かって取り組むことで、なりたい自分になれた！　という体験をして欲しいのです」

「そうしたらあなたは、人が変われるということを信じられるようになります。人の可能性を信じられるようになった時に、あなたは本当の意味でコーチになるのです」

自分が本当に望んでいるもの。先生はそれを「自分軸」と呼んでいた。「自分軸」から目標をつくろう。そうでないと「偽物の目標」になってしまう。モチベーションも湧きにくいし、叶ったところで幸せとはいえない目標になってしまうのだ。

自己理解の不足がしっくりこない目標を生む

「偽物の目標」は痛かった。僕の目標は自分でも本当に望んでいるかどうかよくわからないものだった。周りからすごいねと言われるための目標という感じに思えた。

もう一つ痛かったことは、僕はコーチングをしようと思っていた相手＝チームメンバーの「可能性」を信じていなかった。彼らの本当に叶えたいことにも関心を持っていなかった。彼らの口からそれらしい目標を語ってもらって、そこに向かって動いて欲しかっただけだった。相手を変える道具としてコーチングを捉えていたのだ。これでは抵抗を受けるはずだと思えた。

そもそもコーチングを受けたこともない人間が、誰かにコーチングをできると思い込んでいたのも、おかしな話だった。僕は何もわかっていなかった。まずはコーチングを受けてみて、自分に何が起きるのか観察してみようと思った。だから、先生の問いかけに真剣に向き合ってみた。

実現できるかどうかは関係なく本当に望んでいること？

なんだろう。きっともっと大きなことなんだよな。悩んでいる僕に先生は言った。

「しっくりくる目標がつくれないとしたら、自己理解が不足しているからです。目標をつくる前に自分のことをもっと知るといいでしょう」

いよいよ僕のコーチング体験が始まった。

❷ コーチングにおける「目的」と「目標」の関係

目的は「自分自身が幸せになること」

自分が心から望んでいるわけではないものを目標にしてしまう。あなたにはそんな体験がありますか？　僕は最初に受けたコーチングでそのことを突きつけられました。

「心から望んでいますか？」

当時の僕は、心の声なんてきくに値しないと思っていたのです。弱音を吐いたり、逆に青臭い理想を語ったり、そんなことには意味がない。いまの環境で求められることに応えるのが仕事なのだから。やるべきことをやるしかない、と思い込んでいました。

でもコーチの世界観は違いました。心から望むことは叶うし、そう生きることが幸せなのだ、と。だから、本当に大切なことを明らかにして、その方向に向かって進んでいこう。目標とは、幸せへの道の途中にある「道しるべ」のようなものだというわけです。

WHY（目的）、WHAT（目標）、HOW（行動）のピラミッド

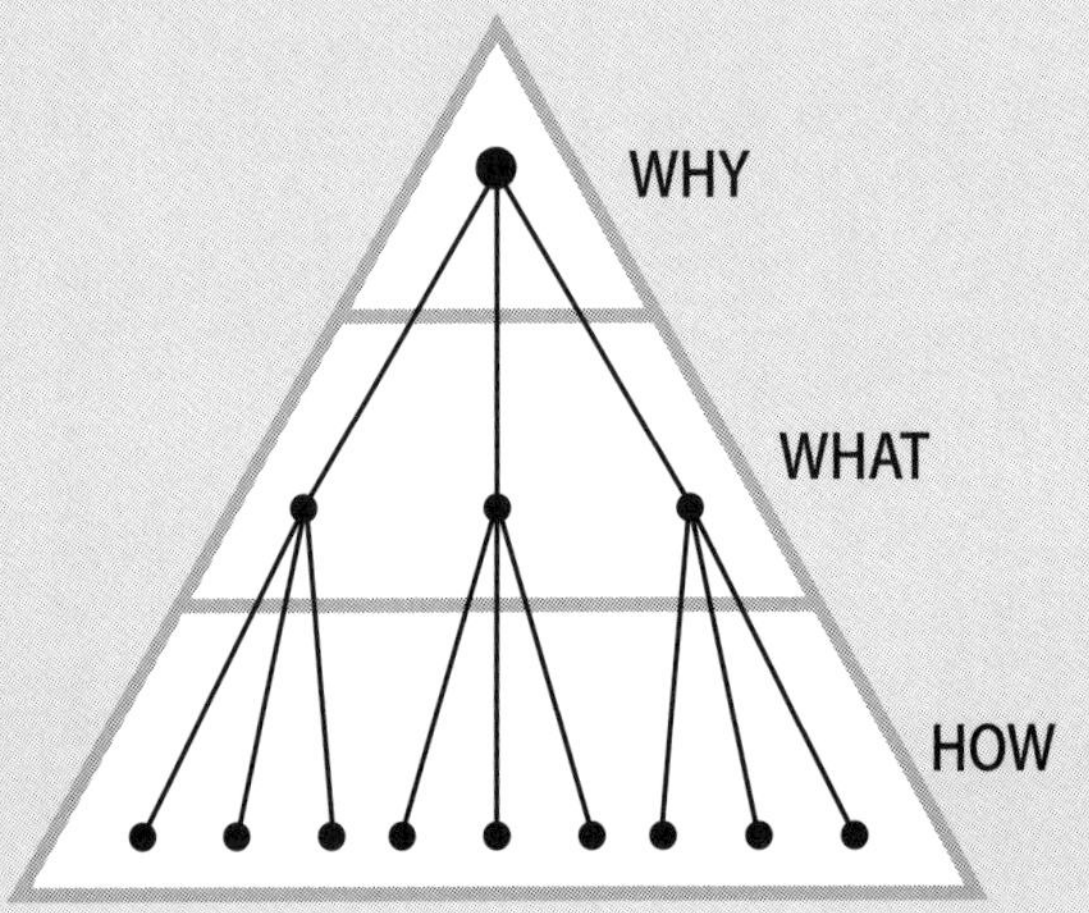

この図のように、ＷＨＹ（目的）が頂点であり、そこに向かう中継地点が目標なのです。そしてＷＨＹ（目的）は自分自身が幸せになることだというのがコーチの考え方でした。

他人軸で生きても幸せにはなれない

「他人軸で目標をつくっていませんか？」と問いかけられたことにも、ドキッとしました。上司や親から評価されたい。期待に応えたい。仲間と良い関係でいたい。世間からすごいと言われたい。あいつを見返してやりたい。これらは他人軸（他人を基準としている）といえます。僕は上司を意識して目標をつくっていました。

他人軸で生きても幸せになれない。自分の幸せを軸にして、自分軸から目標設定しよう。こう言われると「そんなことでは組織の中でやっていけないのではないか」と感じる方もいるでしょう。僕もそうでした。

確かに組織や社会に居場所があること、貢献できることは大切なことです。後にも述べますが、私たちはこれを「順番の問題」だと考えています。まず自分の幸せを考えるのです。そして次に自分の幸せと組織や社会への貢献が両立する道を考えるのです。個人の幸せだけでもなく、組織（社会）への貢献だけでもない。それらが両立する道を僕たちコーチは、探したいのです。

❸ あなたの行動の裏にある「隠された目的」

「本当の目的」と「隠された目的」

では本当の目的について考えていきましょう。そのために、まずはあなたが「いま、何を目的にしているのか」に意識を向けることから始めて欲しいのです。いまのあなたの目

目的と行動、本当の目的

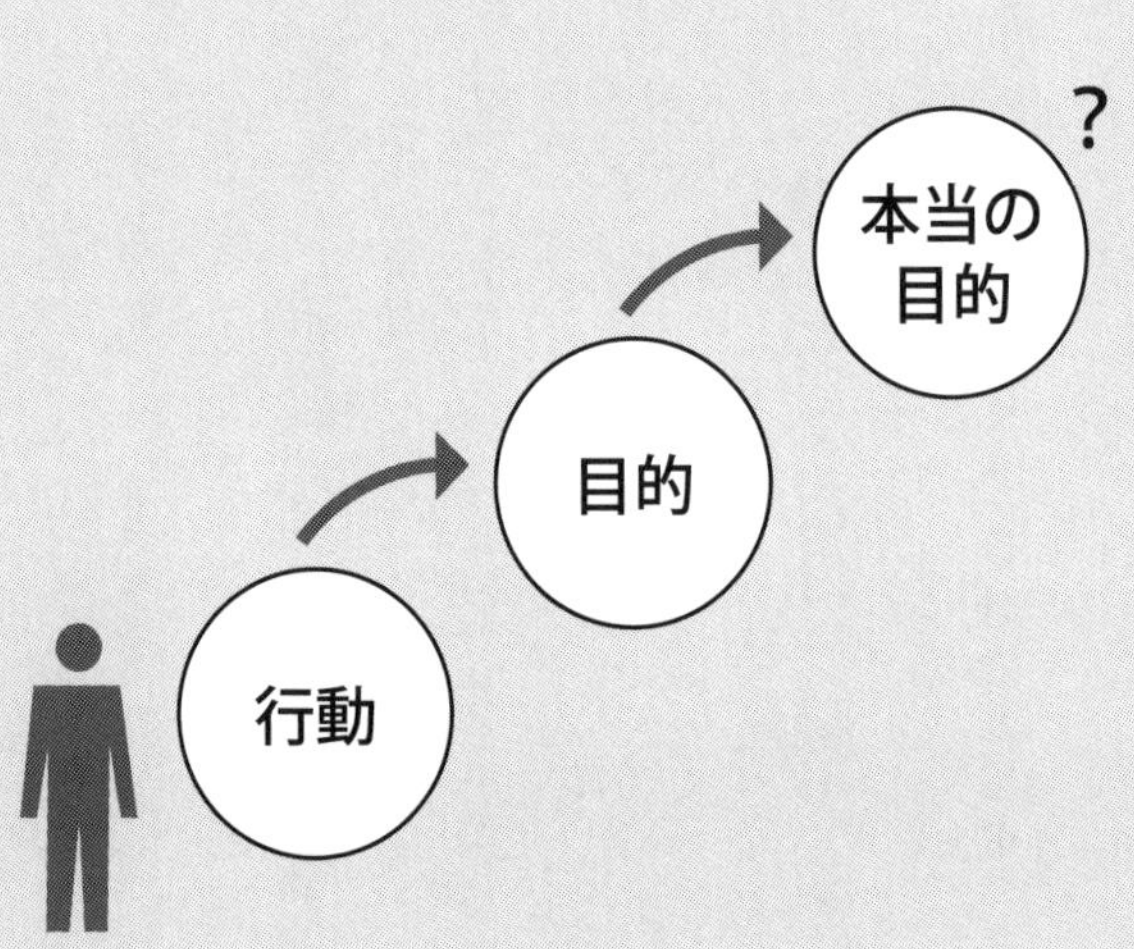

的は、あなたの行動を見ればわかる、とアドラー心理学では考えます。

この図のように、私たちの行動には、目的があります。行動の背景にある目的（「隠された目的」と呼びます）に気づき、本当の目的はなんであるのかを考えてみたいのです。そして本当の目的が明らかになったら、その目的に沿った行動を選択したいわけです。このような考え方を「目的論」と呼んでいます。

嫌われないことが「目的」になっていないか？

先ほどと同じ例で考えてみましょう。当時の僕は、日々イライラし、指示・命令し、時には怒鳴っていました。僕は、メンバーが指示通りにやらないからイライラするのだ、同じミスをして結果を出せないから、怒鳴ってしまうのだ。と考えていました。このように何か原因があるから、感情や行動が起こるという考え方を「原因論」といいます。

一方、僕の心の中を覗いてみると「なめられたくない」「頑張っていると上司から認められたい」「自分が間違っていると思いたくない」といった気持ちがありました。そしていつの間にか「なめられたくない」が強くなり、そのためにイライラしたり、指示に従わない相手を怒鳴ったりし続けていたともいえるのです。

無表情だったりイライラしていたりしたほうがなめられにくいだろうからと、無意識的ではありますが、自分自身が選択していたわけです。そしてさらに考えてみると「なめられない」のは「従ってもらう」ため、「従ってもらう」のは「結果を出すため」、「結果を出す」のは「上司に評価される」ためでした。このように、いまの自分は何を目的に動いているのか理解をしていくのです。

アドラー心理学を紹介してベストセラーとなった『嫌われる勇気』。そのタイトルは、まさに、このことを問いかけていると思います。

嫌われないことがあなたの目的になっていませんか？
あなたの本当の目的は何ですか？

と私たちに訴えかけてくれている気がします。私たちの社会には「嫌われないこと」が目的化して、本当の目的を見失ってしまっている人はたくさんいます。だからこそ『嫌われる勇気』というタイトルがたくさんの人の心に刺さったのでしょう。しかし、目的化してしまうのは「嫌われないこと」だけではありません。

「隠された目的」が「本当の目的」に向かって生きることを妨げる

僕の場合は「なめられないこと」が目的となっていました。ほかにも、「人から認められること」「失敗しないこと」「安定すること」「恥ずかしい思いをしないこと」。これらがいつの間にか目的となってしまって、私たちが本当の目的に向かって生きることを妨げることがあります。

もちろん「嫌われないこと」などは悪いことではありません。ただしこれらが目的になってしまうことで、あなたが本当に大切にしたいことに気づかなくなってしまうのがもったいないと思うのです。

これらを「隠された目的」と呼ぶのは、自分の普段の行動を生み出している目的なのに、自分では気づいていないからです。自分の普段の行動を生み出している「隠された目的」に気がついた時、私たちはハッとします。自然と笑ってしまうような反応が出てくることもあります。夢から覚めたような状態です。

このように自分にいま何が起こっているかに気づくと、よりクリアな意識状態で、本当の目的を探すことができるようになってきます。

❹ 何が自分の人生なのか？「本当の目的」に気づき、生きる

「本当の目的」とは？

本当の目的に気づこう！　と言われても、人生の本当の目的とは、果たしてどんなものなのか、イメージできないという人もいると思います。僕もそうでした。「上司に評価さ

れること」が本当の目的でないことはわかる。だけど「本当の目的」と言われてもわからない、というのが正直なところでした。

実は人生の目的（大切にしたいこと、得たいもの）は大小様々あるのです。そして、その中に、より重要なものと、そうでないものがあります。

では人生における重要な目的は何かというと「自己実現」と「社会貢献」である。というのが私たちの考えです。

みんな違って、みんないい

まず自己実現から考えてみましょう。自己実現とは他人から認められる成功をすることではありません。言葉の通り、自己を実現することです。自分自身の心が望んでいることに従って毎日を生き、自分が理想とする存在に近づいていく生き方のことです。

私たちはそれぞれが持って生まれた身体があり、異なる才能があり、自然と興味を持つ対象があります。だから一人ひとりの幸せの形は異なっていて、本来はそれでいいはずです。自己実現とは、自分が持っているものを活かしながら、自分の求める理想に向かって成長していく生き方なのです。

アドラー心理学では、世の中に絶対的に正しい価値観は存在せず、何を大切にしたいかは個人の自由だと考えます。みんな違って、みんないい。誰に強いられることなく、自分の大切にしたいものを大切にする。だからこそみんなが幸せに生きられる。そしてそのような多様性が尊重される社会だからこそ、創造性に溢れ、発展するのだと考えるのです。

ここでも「嫌われる勇気」が大切になります。わざわざ嫌われる必要はありませんが、人に嫌われることを恐れることなく、自分が大切にしたい人生を生きること。それが個人の幸せにもつながります。その上で他人の幸せも尊重すれば、社会全体の幸せにもつながると考えているのです。

「自己実現」と「社会貢献」は両立する

もう一つの重要な人生の目的が「社会貢献」です。私たちは基本的に誰かの役に立ちたいのです。そのベースには「所属への欲求」があります。私たちは社会から切り離されて生きていくことができません。だから自分の居場所がなくなることを恐れ、社会に所属することへの強い欲求があります。自分の居場所があることは安心感を与えてくれます。しかしそれだけでは幸せになりません。自分に役割があり、人の役に立てた時にこそ幸せを感じるのだとアドラー心理学では考えます。

私たちにとって「所属への欲求」や「貢献への欲求」はとても強いものです。だから私たちは自分を犠牲にしてでもそれらを得ようとしてしまいがちです。他人からの要求に応じるため、他人の評価を得るために、自分の気持ちや自分の価値観を蔑《ないがし》ろにしてしまうのです。このような姿勢も私たちを幸せにはしません。

ですから、まずは自分の心が求めていることに気づいて欲しいのです。実は少しずつでも、自分の心を大切にしながら生きているだけで自然と他人への貢献が始まるのです。あなたが自分を大切に生きていることは、周りの人たちにも「自分を大切に生きよう」というメッセージになります。そしてさらに自分らしさを探究し成長しながら、その自分を使ってより多くの人に貢献できる道を探せばいいのです。

このような「自己実現」と「社会貢献」の両立が幸せへの道であり、人生の重要な目的だと私たちは考えます。ではどうしたらそのような人生を送ることができるのでしょうか？　その答えを誰かに教えてもらうことはできません。自己実現の形や、その自分を活かした社会貢献の形が人それぞれである以上、あなた自身の答えは、あなたが見つけていくしかないのです。

答えは外側の世界にはない

コーチングでは「答えは相手の中にある」といわれます。何が幸せか、どうしたら幸せになるかの答えは、外側の世界にはないのです。自らの心に問いかけ、自らの経験を棚卸しして、そこから「何が自分の人生なのか」の仮説をつくりましょう。そして実際にそこに向けて行動をしながら、さらに自分への理解を深めていくのです。

❺【ワーク】　あなたの「隠された目的」は？

「頑張りすぎる」「先延ばしする」「自分の意見を言わない」「攻撃的になる」などどんな行動にも実は「隠された目的」があります。あなた自身が変えたいと思う行動の隠された目的を探ってみてください。

あなたが変えたいと思う行動は？

その行動の隠された目的は何でしょう？
（まずはできるだけたくさん出してみましょう。）

あなたが本当は目的にしたいことは何でしょう？

そのためにとれる行動はどんなものがありますか？

第3章　「自分」を知るために

❶ 忘れていた高校時代の思い出が語るもの

「充実感を得た体験」を振り返ってみる

先生は言った。

「しっくりくる目標がつくれないとしたら、自己理解が不足しているからです。目標をつくる前に自分のことをもっと知るといいでしょう」

「過去の出来事の棚卸しをすることで、自分の価値観に気づくことができます」

ここでいう「価値観」とは人生の指針。自分の人生で大切なのは何か？　ということ。

僕の価値観って何だろう。「成長」「挑戦」もしくは「成果」「認められること」。そんなキーワードが出てきた。だけど本当にそれが自分の価値観なのだろうか？

「子ども時代から振り返って、楽しかったことや充実感を得た体験を思い出してみてください。そこにヒントがあるはずです」

過去の「感情が動いたエピソード」の中に、自分の価値観に関するヒントがある。「嬉しい」「楽しい」「夢中」などの感情が動いたということは、その時そこに大切な何かがあったはずだから。そうやって、自分にとって大切なものを探していくんだ。

そう言われて、僕は自分の人生を保育園の頃から順番に、思い出し、印象に残っているエピソードを探して行った。ぼんやりと過去を振り返る中で、突然思い出したのが高校2年生の時の文化祭のエピソード。なぜかこの出来事にヒントがあるような直感がした。

最高に楽しい「チーム」ができた

僕たちのクラスはオリジナルの台本で舞台をやることになって、みんなは台本を書き、配役を決め、大道具や小道具を準備し、練習に励んでいた。僕は当初、まったく関わらなかった。冷めた感じを気取っていたし、仲の良い友達もクラスにほとんどいなかったから。1週間前の最終リハーサルになった。なんとなく体育館に観にいった。めちゃくちゃだった。あんなに練習していたはずなのに。音楽は鳴らず、大道具は出てこず、セリフはつながらなかった。

意気消沈するクラスメイト。とぼとぼと教室に帰った彼らに、なぜかスイッチが入った僕は思わず言っていた。「僕に監督をやらせて欲しい。絶対に良い舞台になると思う」。なんでそんなことを言ったのか自分でもわからない。諦めかけていた仲間もいたが何人かと演出チームをつくり、そこにみんなを巻き込んでいった。最高に楽しい1週間だった。舞台進行の全体像をみんなが理解できるような表を用意し、穴になっていた部分を埋め、それぞれが役割を全うできるように、連携のためのアイデアを出し合った。

僕たちが本気なのを見て、役者も気合が入った。熱気がさらなるアイデアを生んだ。僕が何とかすると意気込んで始めたけど、結果は違った。僕はただ、みんなが動ける状況、熱気が生まれる環境をつくっただけだった。でもそれが最高に楽しかった。僕はみんなでやりたかったんだ。でもそのことに自信がなかったから逃げてきただけだった。

一番欲しいものは「笑顔でクリエイティブなチーム」

ここまで思い出して、28歳の僕は考えた。「この出来事の何が良かったのだろう？　これから僕が大切にしたいこと（価値観）は何だろうか？」

「笑顔」「熱気」「創造性」「共にチャレンジ」「違い」「シナジー」……

これらのキーワードに、心が動いた。この頃の僕は心が動くことなんて滅多になかった。動くとしても、焦りとかイライラとかホッとするくらい。その心が、明らかに動いていた。あの時みたいに生きたい、と言っているようだった。

「みんなが笑顔のクリエイティブなチーム」がつくりたいんだ。僕の役職はどうでもいい。僕の結果と認められるかどうかも関係ない。チームの目標数値自体より、それをどうやって達成するかが大切だったんだ。このチームに所属していて良かった。成長した。ここにいたから自分の可能性を感じた。そんなふうにみんなで思えるチームをつくりたいんだ。

そこまで思って、唖然とした。僕のチームは、もっとも「笑顔でクリエイティブ」から遠い状態にあったから。僕は心の奥底にあった想いとは真逆のチームをつくっていたのだ。

でもこの時、不思議なことに迷いはなかった。「笑顔でクリエイティブ」なチームをつくるのが本来の自分なんだ！　という確信めいたものがあった。翌日会社に行ったら、これまでの関わりをみんなに謝ろう。そして自分の想いを伝えて、彼らに僕が変わったと信じてもらえるようになるまで努力しようと思っていた。

❷「感情を伴うエピソード」に大切なヒントがある

エピソードから自分の「価値観」を教えてもらう

僕が最初に受けたコーチングがどんなものだったかを紹介させてもらいました。僕は当時、自分が本当は何を求めているのか、よくわかっておらず、偽物の目標に向かって突き進んでました。

そんな僕がコーチングによって自分のそれまでの経験を棚卸しする中で、過去の強く心が動いたエピソードを思い出し、その中から「笑顔でクリエイティブ」という自分の価値観を一つ発見しました。

それはとても不思議な体験でした。納得感があっただけでなく、何か憑物が落ちたような、すっきりとした気持ちになりました。そしてとにかく自分の価値観に従って生きたい。そのためだったら何でもやろう、というエネルギーが溢れてきたのです。それが「価値観」との出会いでした。

ここで一度、あなたが将来、自己実現しているといえるような幸せな人生を送っている時のことを想像してみてください。その時あなたはどんな感情を感じているでしょうか。「充実感」「ワクワク感」「幸福感」「満足感」「夢中」などではないでしょうか。これらの感情は自分らしくいる時、自分の心に従って生きている時湧き上がるのです。

だから逆に自分らしさや、自分の大切にしたいものが何かを知りたければ、過去の出来事のデータベースの中から「充実感」「ワクワク感」などを伴ったエピソードを探し出し、そのエピソードから、自分の価値観を教えてもらえばいいのです。そのエピソードをなるべく鮮明に思い出しながら「どうして、その感情を感じていたのか?」「自分は何を大切にしたいのか?」と自分に対して問いかけてみるのです。そして僕がそうしたように古い

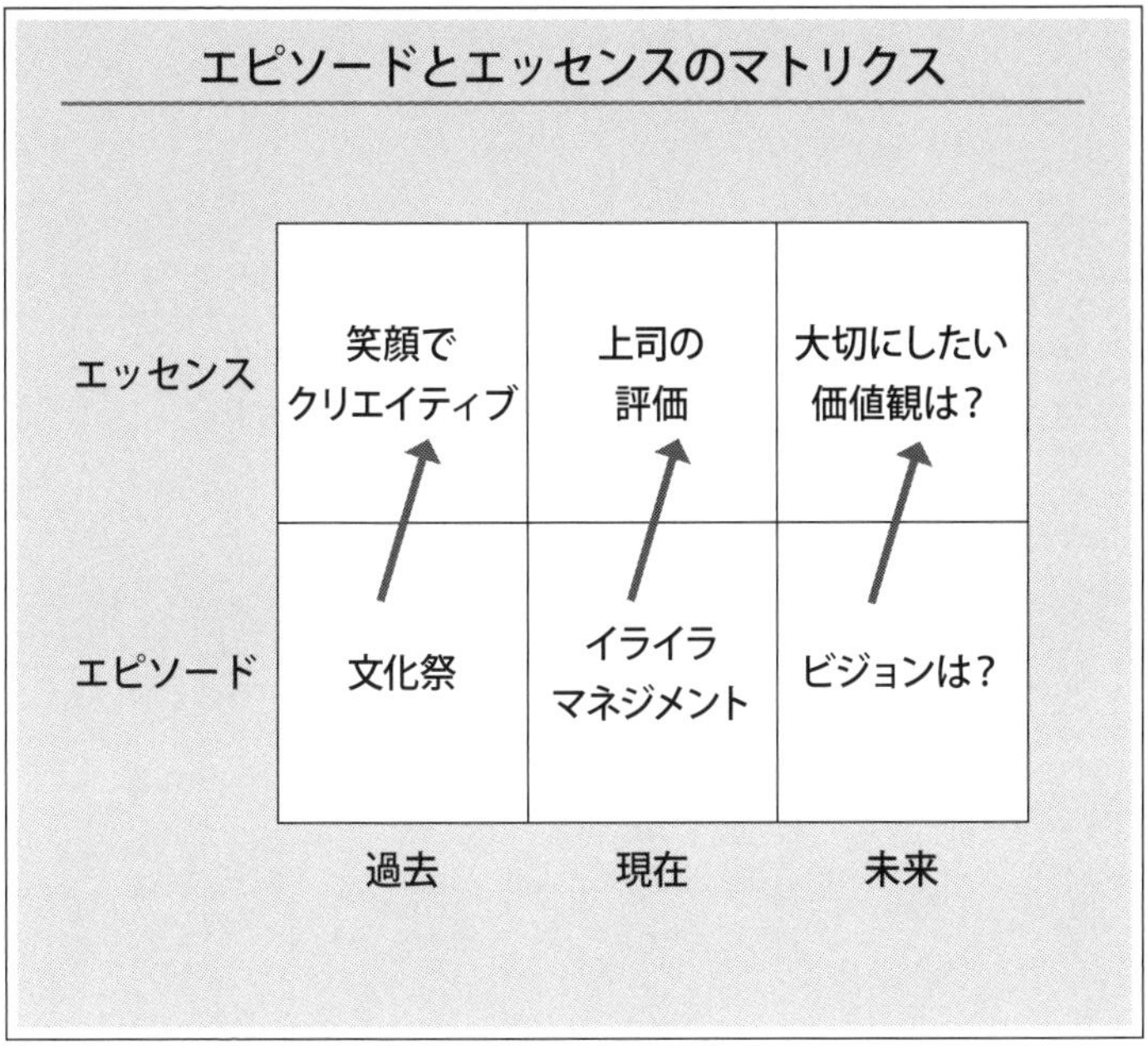

記憶もたどってみてください。大人になって忘れてしまっている大切なことを思い出させてくれるかもしれません。

そこに自分が目指すゴールが見える

この図はその頃に教えてもらった「エピソードとエッセンスのマトリクス」というツールです。エピソードとそこから抽出されるエッセンスの関係を、過去・現在・未来で比較していくものです。

例えば、僕の過去のエピソード「文化祭の出来事」から抽出できたエッセンス（本質）は「笑顔でクリエイティブ」という価値観でした。現在のエピソード「イライラしながらマネジメント」から抽出できるエッセンスは

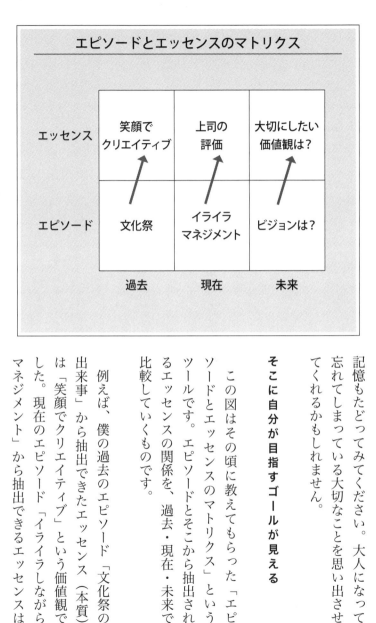

「なめられない」「上司からの評価」などの価値観です。このように過去の自分らしく生きていたエピソードから抽出した価値観と、現在の状態を比較しながら、未来のエッセンス「これから大切にしていきたい価値観」や未来のエピソード「どんな出来事が起こったら良いか（ビジョン）」を探っていくのです。

こうして発見した未来のエピソードやエッセンスをもとに、まず目指したいゴール（目標）をつくっていきたいのです。先生が自分軸と呼んでいたのは、この未来のエピソードやエッセンスのことでした。

❸【ワーク】あなたが人生で大切にしたいベスト5は？

あなたが大切にしているものを理解する

あなたは自分の「価値観」を把握していますか？ 自分らしく生きるということは、自分の価値観に従って生きることでもあります。自分の価値観を大切に生きることは自己実現への道なのです。価値観は今後の人生の指針になるものですから、ぜひ自分の価値観に関心を持ってください。

価値観リスト

安心	あるがまま	ベスト	影響	スリル
快適	寛容	本物	名誉	刺激
信頼	個性	尊敬	促進	賭け
安定	新しさ	ステータス	感謝	美
好奇心	学び	積み重ね	援助	華々しさ
自由	成長	改善	理解	洗練
ワクワク	達成	一貫性	共鳴	変化
楽しさ	チャレンジ	効果	受容	多様性
遊び心	打ち勝つ	効率	誠実	シナジー
没頭	飛躍	仕組み	発見	静けさ
愛	発揮	コントロール	バランス	ポジティブ
協力	注目	デザイン	正直	プライバシー
共感	専門	体系化	公正	競争
共有	オンリーワン	編集	努力	伝統
一体感	クリエイティブ	チーム	ユーモア	継承
調和	探究	貢献	朗らか	繋がり
統合	卓越	育成	官能	平和

大前提として私たちはたくさんの価値観（人生で大切にしたいもの）を持っています。ですからまず自分の価値観にはどんなものがあるかを理解して、特にその中でも何が大切なのか、優先順位に気づいていくというステップをとってみましょう。

この表に並んでいる言葉を一つずつ読み上げながら、「大切かな？」と自分の心に問いかけてみてください。あなたの心が反応しそうなワードはどれでしょうか。少し時間をかけて見てください。そしていくつか選び出して欲しいのです。そしてその中から、あなたの心がベスト5をつくるとしたらどんな順番になるかイメージして、順番をつけてみてください。

エピソードとエッセンス記入表

	エピソード	エッセンス（価値観）
例	高校の文化祭	・笑顔 ・クリエイティブ ・チーム
①		
②		
③		
④		
⑤		

エピソードとエッセンスを書き出してみる

最初はリストを使って簡単に価値観ベスト5をつくるのがいいと思います。「仮決め力」と言ったりしますが、悩んでつくれないよりも、まずは仮に、選んでカタチにしてしまってから、後で検討したほうが自己理解が進みやすいと思います。

もう少し丁寧にやってみたい人は、人生の一番古い記憶まで、遡ってみてください。そこから順番に「充実感」「ワクワク感」「夢中」などを感じた出来事（エピソード）を思い出して欲しいのです。

そしてそれらの中からエピソードのベスト

5を選んで、表を埋めてください。次に一つひとつのエピソードをゆっくりと思い出します。そして自分に問いかけます。「どうして、この時この気持ちになったんだろう?」「自分は何を大切に生きていきたいのだろう?」

そのようにしながら気がついた価値観をエッセンスの欄に書き込みます。

一つのエピソードから複数の価値観が出てくることもありますので、たくさんの価値観が書き出されると思います。その価値観を見ながら、将来どの価値観をどの順番で大切にしていたら、自分らしく幸せになりそうかイメージして、ベスト5をつくってみてください。

このようにしてベスト5ができたら、毎日の時間のすごし方を見直してみてください。誰と何をすることにもっと時間を費やしたいのか。そのためには、どの時間を減らしたらいいか。価値観が教えてくれるはずです。

第4章　新しいゴールと新しい行動パターン

❶「本当はどんな未来を望んでいるの？」と質問されて

「笑顔」「クリエイティブ」――キーワードが呼び覚ました未来

コーチングスクールでの実習は続いていく。二人組をつくって、コーチとクライアント（コーチングを受ける側）を決め、先生の指導のもと、お互いにコーチングをしていくのだ。

過去のいくつかのエピソードの中で、文化祭の出来事に、僕の心は大きく動いた。そしてそれが呼び水になるかのように、中学時代や大学時代にも似たような出来事があったことが思い出された。すっかり忘れていて思い出したことなんかなかったのに、不思議な体験だった。

やはり「仲間」「笑顔」「楽しく」「クリエイティブ」などが自分らしさのキーワード（価値観）なのだと確信できた。そのことをコーチに伝えた時に、ゆったりした感じで次の質問をされた。

「宮越さんは本当はどんな未来を望んでいるのですか？」

不思議な感覚だった。心からいいなと思える未来のイメージが浮かんできた。開放的な明るいオフィスで、みんなが好きな場所に座って、ざっくばらんにディスカッションをしている。みんなが同じことをしているわけではなく、ホワイトボードを使ってる人たち、パソコンに向かっている人、イメージ画を描いている人。一つのゴールに向かいながら、社内外の様々な専門家が自分らしく、ぶつかり合い、そして理解しようとしあい、何かを生み出すべく進んでいる。そこでは僕も思っていることを好き勝手に言いながら、ツッコミを受けて、唸ったり、そうしながら新しいアイデアが形になっていくプロセスを楽しんでいた。このサービスによって多くの人々の生活が変わる。社会が変わっていくんじゃないか、というような高揚感があった。そこにいる仲間たちは、みんな自由にやっていたし、そこにはそれを保証する安心感があった。

「自分軸」が明確になったら、次にとりかかること

コーチは笑みを絶やさずに僕の話を聴き続けてくれた。そして僕が話し終わると、次の質問は「では、まずは、何を目指したい？」だった。

そうだよな。これをいきなり目指すわけじゃない。僕のチームの現状をスタート地点にして、まずはどんな状態を目指すかを考えるんだ。ここから新しい未来を始めるんだ。

❷ 新たにゴールを設定する

まずはどこを目指すか？を決める

僕が受けたコーチングは過去のエピソードから価値観を発見し、そして本当に望む未来（ビジョンと呼びます）を自由に思い描いてみることへと進んできました。いきなり目標設定をするのではなく、まずは自分軸を明確にしてから、いよいよ目標設定となったわけです。

価値観やビジョンなど大きな方向性を明らかにしたら、今度は現実的な計画を立てることが大切になります。「現実的に、まずはどこを目指すか?」とゴール設定するのです。そして、何をしたらゴールに到達できるかを考えて、新しい行動を始めるのです。

現実的な計画を立てるための4項目

この時にコーチングのもっとも基本なモデルである「GROWモデル」が活躍します。シンプルですが、よくできているモデルです。まずはこれを理解してもらいたいので、簡単に解説します。

まずはGROWの頭文字で表される4項目とそれに対応する質問を覚えてください。この順番で質問すればコーチングになります。

Goal(ゴール)　「具体的にどんな状態になることを目指したい?」「それは何のため?」
Reality(現状)　「いますでにできていることは?」「ゴールと現状では、何が違う?」
Options(選択肢)　「ギャップを埋めるためには、どんなやり方がある?」「ほかの人ならどうするだろう?」

Will（意思決定）

「どのやり方を選択する？」「具体的に何から始める？」

それぞれの質問の意味を確認しながら、もう少しＧＲＯＷモデルの理解を深めましょう。

Goal（ゴール）

「具体的にどんな状態になることを目指したい？」

まずは望む状態から明らかにします。それがコーチングのやり方です。ポイントは望む状態（ゴール）を具体的に確認していくことです。ゴールが具体的になればなるほど、そのためにどんな行動をしたらいいのかがわかってくるからです。

「それは何のため？」

ここまで見てきたように、本当の目的からゴールを設定するのが大切です。この質問は目的を確認するものです。

Reality（現状）

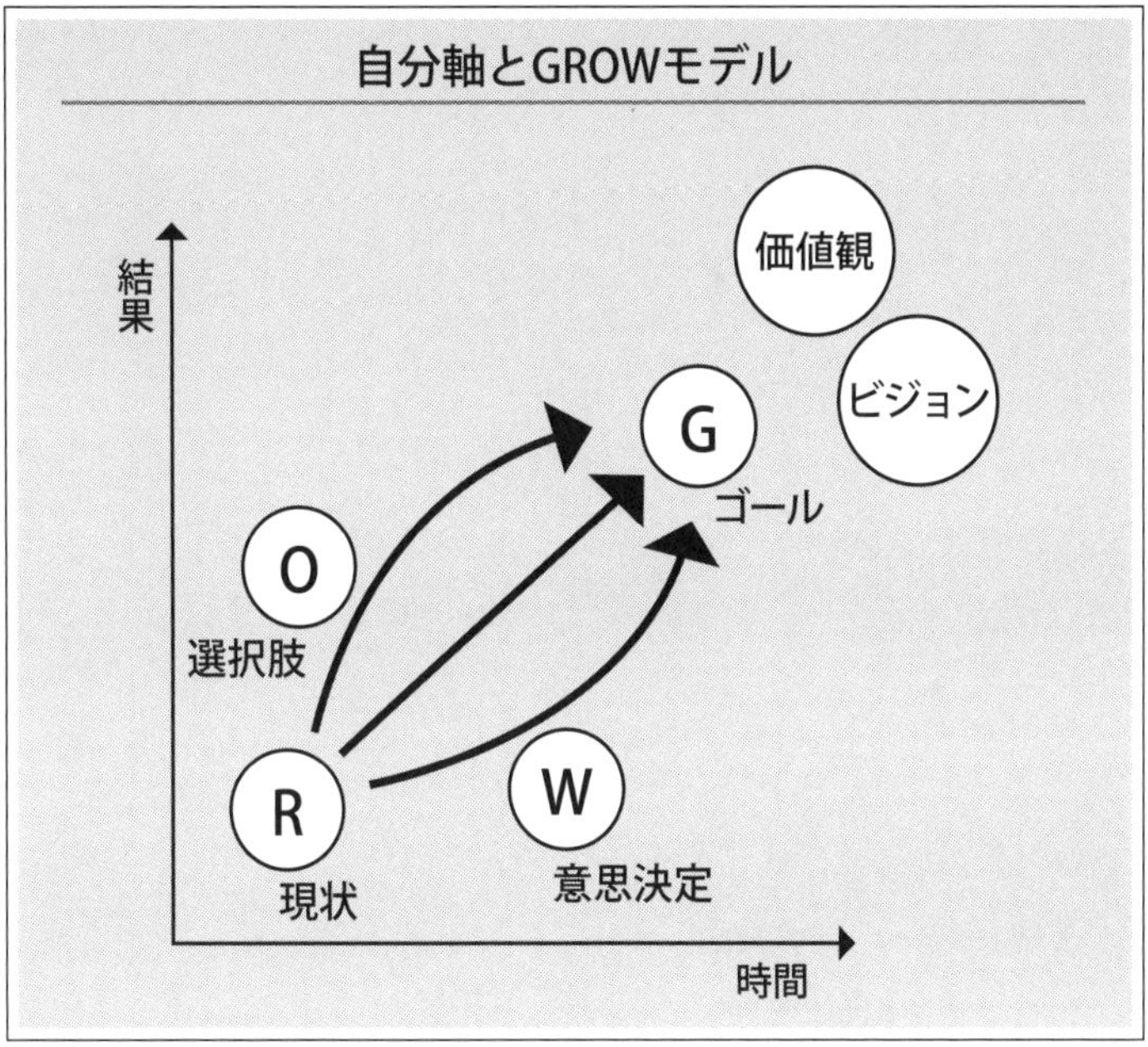

「いますでにできていることは？」
ゴールに向けてすでにできていることをできるだけたくさん確認します。すでにできていることがあることに気づくことで、クライアントの「できる感」があがります。

「ゴールと現状では、何が違う？」

ゴールと現状のギャップ（差）を確認するための質問です。このギャップを明らかにすると、この後、それを埋めるための行動を考えやすくなります。

Options（選択肢）

「ギャップを埋めるためには、どんなやり方がある？」

「ほかの人ならどうするだろう？」

ゴールに近づく行動のバリエーションを増やす質問です。ほかの人のやり方も参考にすることで、これまでのやり方に拘らず、より効果的、効率的な手段を発見しようとします。

Will（意思決定）

「どのやり方を選択する？」
「具体的に何から始める？」
最後に行動を起こすことの決断をしてもらいます。行動をとってみないと始まらないからです。最初の行動をとりやすいように具体化します。

どうでしょうか。これらの質問を使いながら、クライアントとゴールを描いたり、新しい行動を考えたりするイメージが浮かぶでしょうか？　このイメージが持てるようになったら、あなたもコーチングを始めることができます。

ちなみにコーチングでは、コーチングを受ける側をクライアントと表現します。主体的に相談してくる存在という意味をこめてクライアント（依頼者）と呼ぶのです。

❸ GROWモデルを使ったコーチング

「ゴールイメージ」と「プロセスイメージ」を持つ

新しいスキルを身につけるためには「ゴールイメージ」と「プロセスイメージ」を持つことが大切です。「ゴールイメージ」とは、そのスキルを使うことで最終的に何が起きたらいいのか（=ゴール）のイメージを持つこと。「プロセスイメージ」とはそのスキルがどんなふうに使われていくのか（=プロセス）に関するイメージを持つことです。

本来はプロのコーチのコーチングを見たり、受けたりして、自分の中にコーチングの「ゴールイメージ」と「プロセスイメージ」をつくるのがおすすめです。僕もそうですがコーチングの様子をYouTubeなどで公開しているコーチもいますので、それらのビデオを使ってイメージをつくるのも良いと思います。ぜひ「コーチング脳」づくりに活用してください。

コーチによる質問とクライアントの回答

ここでは紙上ではありますが、どんなふうにコーチングが行われていくのか、あなたにイメージを持ってもらいたいと思います。当時僕が受けたコーチングの続きを使って、「GROWモデル」を使ったコーチング風景をイメージしてみましょう。コーチの質問は状況に合わせてアレンジされていますが、GROWモデルの質問が順番に使われています。コーチ（Co）は穏やかに、そして相手の話にしっかり集中しています。クライアント（Cl）である僕もリラックスしながら自由に答えていました。

Goal（ゴール）〈以下、Co＝コーチ、Cl＝クライアント〉

Co「では、まずは、何を目指しましょうか？」

Cl「うーん。まずはメンバーともう少し仲良くならないと」

Co「もう少し仲良くなるっていうのは？」

Cl「そうですね。それぞれの仕事の状況とか課題が共有できたりかな」

Co「いいですね。ほかにはありますか？」

Cl「さらに課題に対してのアイデアも出せたりするといいですね」

Co「ほかにはどうですか？」
Cl「それぞれの仕事の状況とか課題が共有できたりでしょうか」
Co「状況や課題の共有ですね。どんなイメージか、もう少し教えてください」
Cl「はい。朝礼やミーティングなどで、みんなが自発的に自分の現状を報告してくれたり、気がかりなことや課題を積極的に話してくれたりするといいですね」
Co「なるほど。ほかにはどうでしょう？」
Cl「うーん。そうですね。雑談というか、普通の話に僕も混ざりたいですね」
Co「なるほど！　ではまとめるとどうなるでしょうか？」
Cl「はい。まずはお互いの状況は、普通に共有できることが大切ですね。その上で、潤滑剤ではないですが、少しは雑談なんかもできる関係になれたら嬉しいです」
Co「そこのところ、もう少し教えてください」
Cl「そうですね。やっぱり気楽に雑談ができて、仕事のことも率直に、報告ができているし、気軽に相談できる雰囲気があるといいです。問い詰められたりしない安心感が大切ですね」
Co「それは何のためですか？」
Cl「そうですね。みんなが笑顔でクリエイティブなチームに向かうには、まずは安心感が大切だからです」

Reality（現状）

Co「では、いますでにできていることはどんなことですか？」
Cl「できていることはないと思うんですけど」
Co「どんな小さなことでもかまいませんよ」
Cl「そうですね。いちおう、こちらから報告を求めれば最低限答えてくれます」
Co「なるほど！　ほかにには？」
Cl「うーん。まぁ僕以外とは、相談しあってるし、雑談もしてますよね」
Co「はい。ほかにには？」
Cl「うーん。あとは、一人だけですけど、ちょっと話ができる人もいますね」
Co「なるほど。それでは次の質問です。ゴールと現状では何が違いますか？」
Cl「うーん。コミュニケーションですかね」
Co「例えばどういうことですか？」
Cl「はい。メンバーから現状などを伝えてくれますし、僕も進捗を気遣って声をかけています」
Co「進捗を気遣って声をかけているのですね」

Cl「あー。そうですね。どんな感じか、手伝えそうなことはないか、気遣っていますね」

Options（選択肢）

Co「ゴールに近づくためには、どんなことができそうですか？」
Cl「話しやすそうな人から少しずつ話しかけていくことでしょうか」
Co「話しかけるっていうのは？」
Cl「感謝の言葉を伝えるとか、明るい感じで状況確認してみるとかです」
Co「なるほど！　ほかにはどうですか？」
Cl「まずは僕自身の進捗状況などを共有するのもいいかも知れません」
Co「ほかにもありますか？」
Cl「うーん。これ以上は思いつきません」
Co「あなた以外の人なら、どんなアプローチをする可能性があるでしょう？」
Cl「そうですね……いっそこれまでのことの謝罪から始めるとか」
Co「なるほど！　あとは？」
Cl「一人でやろうとせずに上司も巻き込むとかかな」
Co「ここまで言ってみてどうですか？」

Co「ちょっと意識が広がった気がします。勇気を持って謝ることから始めるのもありですね」

Will（意思決定）

Co「では、どのやり方でいきますか？」
Cl「やはり率直にいきたいと思います」
Co「というのは？」
Cl「これまでのやり方について謝って、今後どのようにしていきたいかを伝えます」
Co「具体的には何から始めますか？」
Cl「明日の朝、まずはみんなに謝りたいと思います」
Co「それをするとどうなりそうですか？」
Cl「みんなは信じてくれないかも知れませんが、僕自身は腹をくって再スタートできそうです」
Co「どうしますか？」
Cl「やります」
Co「勇気の要る行動だと思いますが、再スタートを応援しています」

Cl「ありがとうございます」

質問がクライアントの考えを深める

いかがだったでしょうか？　なんとなくコーチングのプロセスイメージが持てたでしょうか？　コーチはGROWモデルの質問を投げかけます。その上でクライアントの答えをより正確に理解しようと「～というのは？」「ほかには？」などとさらに問いかけていきます。それを受けてクライアントは考えを深めていくのです。

この「～というのは？」「ほかには？」などの、相手の話に対して理解を深めていくための質問を僕は「確認の質問」と呼んでいます。「確認の質問」を使った話の聴き方については、第2部でも解説します。

❹ 意識化できていないことを「引き出す」

相手から「聴く」だけでなく

「答えは相手の中にある」といいますが、「GROWモデル」の質問を投げかければ、クライアントがすぐに完全な答えを出してくれるというわけではありません。

クライアントはこれまで様々な経験をして、そこから多くのことを学んでいます。けれどそのすべてが整理できていて、言葉にできるわけではありません。潜在的には知っていることでも意識化できてないこと＝自分では気づいていないことがたくさんあるのです。

左の図は僕がコーチングを説明する時によく使うものですが、氷山の大部分は水面下にあるように、人は自分が意識できている（気づいている）ことよりも、無意識の世界にははるかに膨大な情報を持っているのです。

コーチングスクールで先生から「話を聴くのではなく、引き出すための工夫をしてくだ

気づいていることは氷山の一角

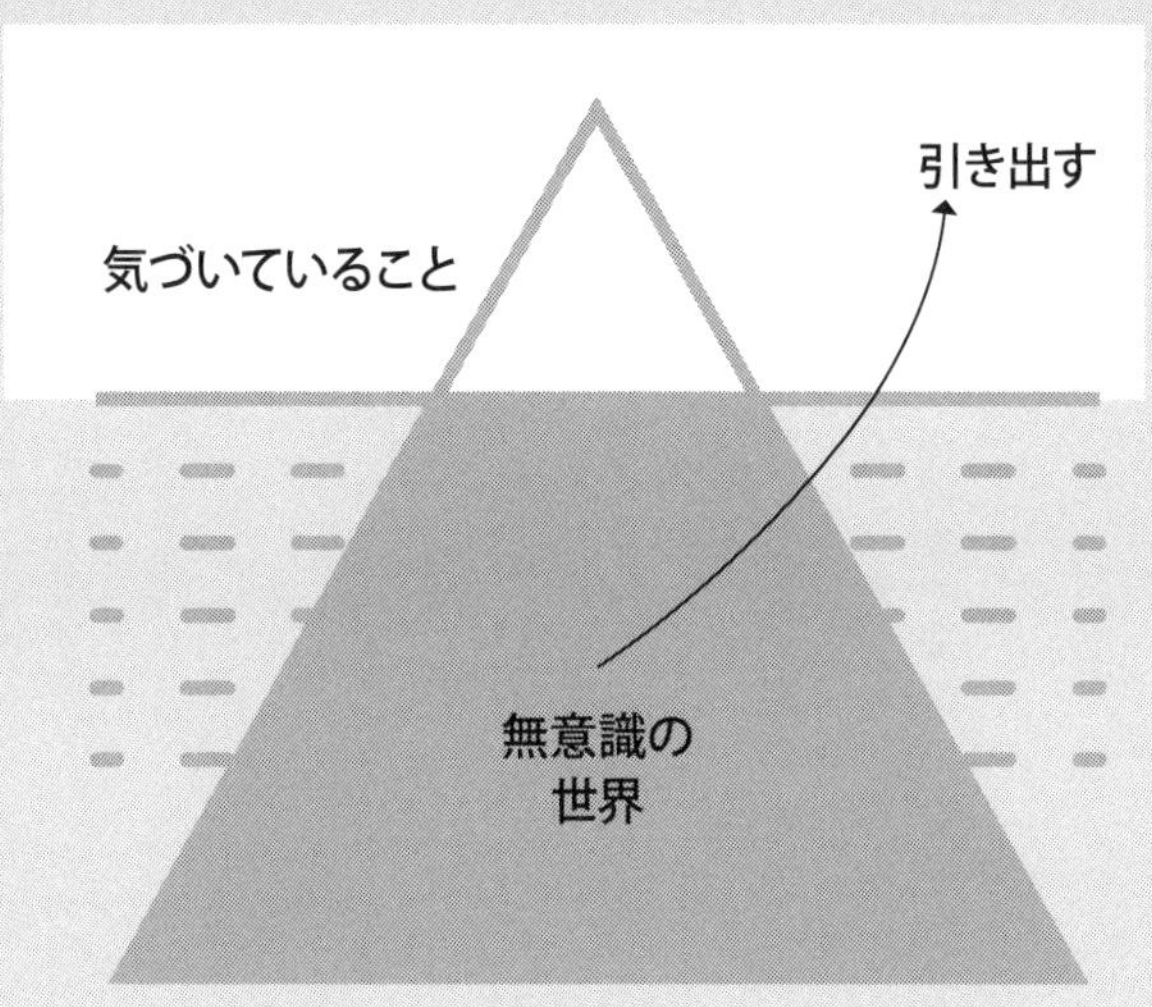

さい」と何度も言われました。これはすでにクライアントが気づいていることについて報告を受けるような話の聴き方ではなく、クライアントがまだ言葉にできていない部分を引き出すような関わりをしてください、ということでした。

相手は「自分の中にある」答えを探しにいく

自分がクライアントから引き出せているかは、クライアントの話し方を観察しているとわかります。よどみなく報告するように話していれば、すでに気づいていることについて話していますし、言葉を選びながらゆっくり探るように話している時は、クライアントの内側から情報を引き出しているのです。

コーチングは「コーチとクライアントの対話」でなく「クライアントの自分自身との対話」だといわれるのは、このことです。コーチの質問を受けて、クライアントは自分の中にある答えを探しにいくのです。

この時に役立つのが、「確認の質問」なのです。よかったら先ほど紹介したGROWモデルを使ったコーチングのやり取りを読み直して、コーチがGROWモデルの質問と「確認の質問」を組み合わせながら、クライアントから新しい情報を引き出そうとしている様子を感じ取ってみてください。

❺ 行動は最初からうまくいくわけではない

失敗「織り込み済み」でのスタートを

「GROWモデル」のコーチングによってクライアント（相手）は新しい行動をとることを決断します。その新しい行動をとる際に知っておいて欲しいことがあります。多くの人が思っているように、新しいことを始めても、いつでもうまくいくわけではないということです。むしろうまくいかないことも多いと思います。

だからこそ、しばらくの間はうまくいかないことを前提にして、スタートすることが大切なのです。うまくいかないことは、あらかじめ「織り込み済み」にしておけばいいのです。

例えるなら、新人研修の期間だと考えるのです。あなたがいくつになっていたとしても、新しいことを始めるなら、新人と一緒です。すぐに結果を求めるプレッシャーからあなた自身を解放してあげてください。そしてその分、新しい体験から学習し、成長できるように時間を使うのです。

「研修期間」は行動と観察を繰り返す

成長のために「研修期間」をどう過ごしたらいいのでしょうか？　ここで大切なのが「観察」です。結果を出すことよりも、学習することを目的として、行動と観察を繰り返すのです。観察はあなたが効果的な学習をするための必須事項です。

レコーディングダイエットをイメージしてみるといいかも知れません。レコーディングダイエットのコツは精密に計測して、毎日記録することです。100グラム単位で測れる体重計を用意すると、体重は毎日変化していることに気づきます。何も変わらない生活をしているつもりでも、日に数百グラム以上動くこともザラにあります。一見変化していないように見えても、毎日変化しているのです。

細かいメモリの体重計に乗り続けていない限り、100グラム体重が減っても気づきません。けれども毎日100グラム体重が減るやり方を発見してそれを続ければ、1ヶ月で3キロ減となるのです。小さな変化に気づき、それを大切に積み重ねることを一定期間続ければ、大きな変化となるのです。

最初は観察だけでいいのです。毎日体重の観察を続けると、自然と学習が進んできます。何をどのくらい食べるかはもちろん、食べる時間帯やスピード、そしてちょっとした運動なども、どのように体重に影響しているか（していないか）がわかってきます。そして学習が進むにしたがって、行動パターンも洗練され、結果が出やすくなっていきます。だから観察は重要なのです。

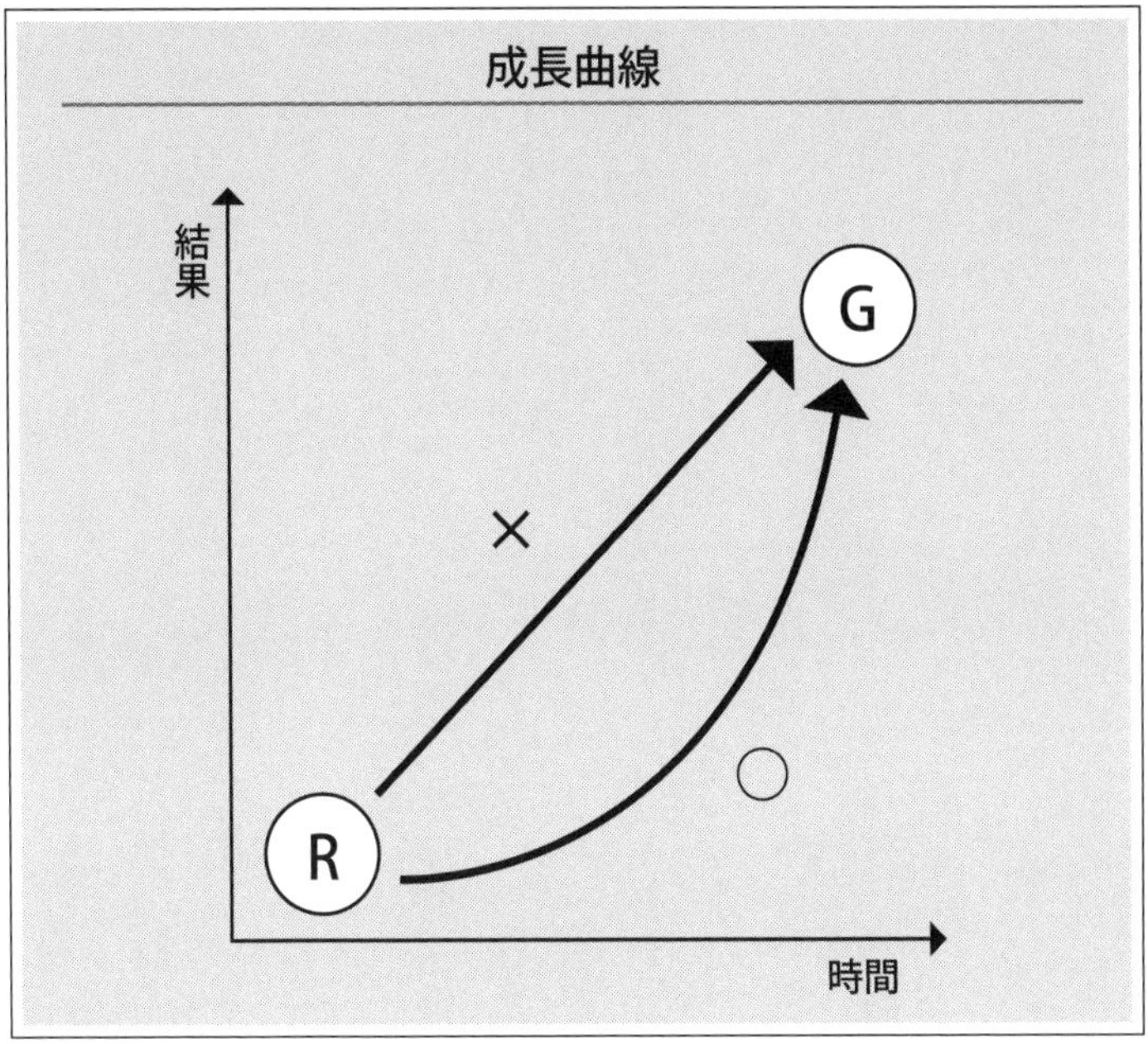

このように新しい目標に向かって進む時には、結果を焦らず、観察によって学習するのが良いのです。

成功は直線ではなく、曲線を描く

そして「失敗は最良の教師」だとアドラーは言います。体重をコントロールしたかったら、体重は減り続ける必要はありません。減ることからも、増えることからも私たちは学べるからです。そして減ると思っていたのに「増えた」時に私たちはまだ気がついていなかった、新しいやり方に気づく可能性があるのです。まさに「失敗が最良の教師」です。

このことを表しているのがこの図です。私たちは未来にゴールを設定すると、そこに向

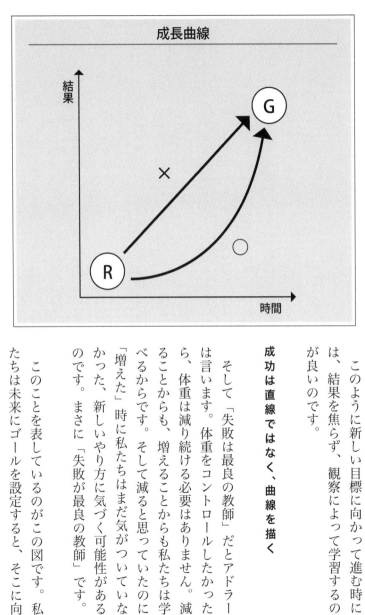

かって直線的に変化をしていくイメージを持ってしまいがちです。そして直線的に結果が出ていないと「うまくいっていない」と考えたり「自分にはゴール達成は無理なのではないか」などと思ったりしがちです。あなたが経験したことのある分野なら直線的に結果が出るかも知れません。ところが新しいことに取り組む場合は、そうではありません。

ですから下の曲線のように成長していくイメージを持って、成長カーブが立ち上がるまでを「学習期間」と捉えて、短期的な結果よりも、学習や成長に目を向けて取り組んで欲しいのです。これを「成長曲線」と呼んでいます。

コーチングもそうです。この本などで学んだことを実践してみても、すぐに劇的な効果が出るとはかぎりません。場合によっては僕の最初のコーチングのように、相手を泣かせてしまうような結果になることすらあるかも知れません。大切なのは、そこから学ぶこと。何がどのように影響するかを体験から学ぶことなのです。焦らず諦めず、ゴールに向かって学習を続けることで私たちは必ず成長します。そして成長した結果として人生が変化していくのです。

第5章　心のブレーキとの関わり方

❶ 優しい課長を前に、震えが止まらなかった理由

コーチングによる小さな変化

最初のコーチングを受けた翌日から僕は変わった。とにかく新しい目標に向けて動きたくて、まずはコーチと決めた行動を実行した。

「僕のやってきたことは最悪でした。許して欲しい」。思い切ってチームメンバーに伝えたけど、やはり誰も僕の言葉を信じてくれなかった。何しろ相手に質問をしようとするだけで泣かれるくらい嫌われているマネージャーだったのだから、仕方ない。でも決めていた通り、まずみんなに信頼されるため、できることに取り組んだ。

毎朝一番に出社して、自分のチームのみならずフロアの人たちが出社するたびに大きな

声で「おはようございます！」と挨拶した。初日、二日目と大して手応えを感じなかったけど、しばらく続けるうちに、気持ち良く挨拶を返してくれる人が出てきたり、自分たち同士でも挨拶を交わすようになったり、と変化が生まれてきた。チームメンバーには嫌われ、職場にも仲良い人が少ない僕だった。でもできることはあるし、続ければ変化していくことが勇気になった。１ヶ月経たないうちに、少しずつメンバーと雑談ができるようになり、仕事の話もできるようになってきた。そして僕が本気なのが伝わったメンバーは僕のコーチングの話にも興味を持ってくれるようになった。

どうして課長が怖くなったのか？

ところが途中からちょっと困ったことが起こった。なぜだか上司（課長）のことが気になってしかたないのだ。僕がやり方を変えていることを課長はどう見ているんだろう。余計なことをしていると思ってはいないだろうか。課長の期待に沿っているだろうか。そんなことが気になり出したら、急に怖くなってきて、課長に別件の報告や相談に行っても、緊張から脂汗が止まらなくなってしまった。頭では課長は理解ある優しい人だとわかっているのに、なぜこんなに緊張してしまうのか。僕の様子が変なのは明らかで、課長からは「具合でも悪いの？」と言われる始末だった。

どうしていいかわからず、先輩コーチに相談した。

「なんだか急に課長相手に緊張するようになってしまって。うまく喋れなくなったり、脂汗がでてきたりするんです」

「そうなんですね。どんな時ですか？」

「うーん。一人で課長のデスクに報告などに行く時ですね」

「なるほど。ちょっと気分悪いかもしれませんけど、その時のことを思い出して、あなたの中で何が起きているのか、少し味わってみてくれませんか」

「はい。うーん。そうですね。心臓がドキドキして、苦しい感じですね。喉がしまる感じもします」

「それを感じながら、何か思い浮かんでくることはありませんか？」

「あー。前職時代のマネージャーのことを思い出します。もう乗り越えてたつもりだったのに」

「もしよかったら話せる範囲で話してみませんか？」

「パワハラ」と失業の体験が心に残したもの

実は僕は前職を「パワハラ」で辞めていた。当時の上司に対してコミットしていた結果が出せなかった僕は、次第に彼とうまくコミュニケーションがとれなくなってしまっていた。上司はお互いにとって良くないから、この状態なら、異動する、退社するなどを選択したほうがいいと言い、僕は、続けさせて欲しいと言い続けた。しかし結果は出せなかった。業を煮やした彼が始めた「パワハラ」は次第に苛烈を極め、数ヶ月後ノイローゼ状態になった僕は、出社の途中にあまりの恐怖心から失踪を企て、そのまましばらく姿をくらます事態となってしまったのだ。

その後、会社には謝罪に出向き、正式に退社となったものの、自分自身への失望や、他人への恐怖心から、その後も数ヶ月は再就職する気持ちになどなれなかった。

その後、ようやく再就職した会社で、僕は何とかもう一度やり直そうと必死にチャレンジをしていたのだ。いったんはチームが崩壊しかかったが、コーチングに出会って、変わり始め、あとは順調にいくはずだった。

「これはいまの課長さんに対してではなくて、当時のマネージャーに関する課題なのではないでしょうか？」

「どういうことですか？」

「当時のマネージャーと、コミュニケーションをとれないまま終わってしまったので、自分への失望や恐怖心が残っているように感じます」

「なるほど。そう言われたら、そうかも知れません」

コーチからの提案は恐ろしいものだった。

「どうですか？　いまから向き合ってみませんか。もちろん彼を呼ぶわけではありません」

と言って、僕の前に、向かい合わせに一つ椅子を置いた。

「ここにそのマネージャーが座っているとイメージして、彼に対して、言えなかったことを言ってみて欲しいのです」

「当時のマネージャー」と向き合う

正直怖かった。やりたくなかった。でも何かが変わるような直感もした。やってみます。と言ったものの、目の前の椅子を見つめながら、しばらくは緊張で声が出なかった。コーチは僕の横で、上司の椅子を一緒に眺めながら黙って待ってくれていた。

「あんたのせいで僕の人生めちゃくちゃだよ」

か細い声を絞り出すように、そう言った後、僕の中から言葉が溢れ出してきた。心の蓋が外れて、押し込めていた当時の想いが溢れ出したようだった。

「何であんなことしたんだ。別のやり方があったんじゃないのか？　おかげで何年も経ったいまでも、怖くて怖くて。やっと再就職したのに、その会社でも上司が怖くなって。どうしたらいいかわからないよ。いつまで俺を邪魔するんだよ。もう勘弁してくれ。いい加減にしてくれ」

途中からボロボロと涙がこぼれ続け、最後は嗚咽していた。

「言えなかったこと言えましたか？」

しばらく待ってから、コーチが聴いてくれた。その時には僕は不思議と落ち着いていた。

「では、深呼吸してください。次に上司の方の椅子に座って、彼の立場から聞いてみて欲しいのです」

一瞬「それだけは嫌だ」と思った。けれどコーチは真剣だったし、このコーチと一緒ならやれる気がした。ここまできたら最後までやろうと腹をくくった。上司の椅子に座って、彼の目から僕を見てみようとした。するとそこにはひどく弱々しい僕がいて、子犬がキャンキャンと騒ぐように文句を言っていた。気がつくと僕は怒鳴っていた。

「ふざけるなよ。お前が悪いんだろうが。俺は何度も言ったよな。このままだと辞めてもらうことになるぞ、と。何度チャンスをやった？　お前を追い込んだのはお前だよ。俺にあれ以上どうしろと言うんだ。辞めるにしても突然いなくなってどれだけ迷惑したか」

何が起こっているのかわからなかった。なんで僕は怒鳴ってるんだ。でもそうか、彼はこんな気持ちだったのかもしれない。

言葉にすることでついた決着

ひとしきり怒鳴り終わって、少し落ち着き、僕は理解した。彼も彼なりにベストを尽くそうとしていたんだ。上司も一生懸命だった。自分のチームのことも。僕に対しても。

そして思い出した。僕はもともと彼に憧れていたんだ。だから彼のチームになって嬉しかった。最初彼が認めてくれて嬉しかった。期待に応えたかった。でも当時の僕にはそれができなかった。それでも諦めたくなかった。だから本当に限界を超えるまで、彼のもとから離れなかったんだ。諦めたくなかったから。

今度はただ静かに涙が流れてきた。

僕が落ち着いた後、コーチは言った。

「もう一度自分の椅子に戻って、彼に対して本当に伝えたかったことを伝えてみてください」

「ちゃんとコミュニケーションをとれたらよかった。できないことはできない。どうしたらいいのか教えて欲しい。それをちゃんと言えたらよかった。あなたに憧れていたから、認められたくて、口先だけで約束しながら、結果を出せなかった。きちんと話して、別の形で続けさせてもらうか、異動するか、ちゃんと決めたかった。失踪なんてしなくてよかった」

言い終わってほっとした。自分の中で未完了だった出来事の決着がついたんだと思った。

最後にコーチがきいてくれた。

「明日、いまの会社で、課長に報告に行ったとしたら、どうなりそうかイメージしてもらえますか？」

もう何も問題は起こらないと思った。そして実際にそうだった。

❷ 無意識の「ブレーキ」には目的がある

過去の傷と無意識の警戒心

少し強烈な事例でしたが、これも実際に起こった出来事です。未来の夢に向かって、新しいチャレンジをしているはずなのに、どうして自分の中でブレーキがかかってしまうのだろうか？　自分が幸せになるのを、もうひとりの自分に邪魔されているような気分になっていました。

けれど、僕はこの時の体験から、どうして自分がこんなに上司の評価を気にしていたのかがわかった気がしました。当時の課長は人格者でした。僕の「意識」は優しい課長のもとで幸せに仕事ができていると思っていましたが、「無意識」は過去の傷から、上司に対して警戒をしていたのかもしれません。

どうも僕は無意識的に「自分は弱くて、傷つきやすい」「他人はいつ牙をむいてくるかわからない」「怒らせないように懸命に仕事をしてみせ、まずい雰囲気になったら逃げ出さねばならない」と考えていたようです。これ以上傷つかないように、自分自身を守るために、このように考えていたのでしょう。

しかしコーチングを受ける中で、実際には「自分は弱くもない」し「他人とも理解し合える」と思えるようになりました。その結果、課長を怖がる理由もなくなり、脂汗をかくなどの反応もピタッとなくなったのです。その後、課長には、何でも相談報告できるようになりました。そのことでますます仕事は楽になっていきました。

ブレーキの潜在的な理由を否定しない

未来に向かって生きる時、もうひとりの自分にブレーキをかけられているような気持ちになることがあります。恐怖、不安、先延ばし、散漫になるなどです。それらをどう考えればいいのでしょうか。

アドラー心理学では、「個人の中に矛盾や葛藤はない」と考えます。これは「全体論」と呼ばれる考え方です。僕の中に生まれていた恐怖心は僕を邪魔したかったわけではなく、傷つかないように守っていてくれただけです。車にアクセルとブレーキがあるように、危なそうな状況では、ブレーキを踏みつつ、進んでいてくれたのです。

しかし、なぜブレーキを踏んでいたのかの潜在的な理由がわかり、もはや課長を恐れる理由がないことを理解した途端、無意識は恐怖反応を手放しました。課長と何でもコミュニケーションをとったほうが安全に、自分らしく未来に進めると判断したからです。

私たちは、このように一見ブレーキのように見える、自分の反応を否定することなく、その反応の背景や目的を理解しようとします。そして大目的に向かって、自然と動けるようなやり方を探していくのです。

❸ 過去の体験に対する認知を見直す

認知次第で、生きやすくも、生きにくくもなる

私たちは、過去の体験をもとに自分なりの「世界観」をつくっています。僕の例でいえば「自分は傷つきやすい」「人は突然牙を向いてくる」「最後は逃げるしかなくなる」などと思い込んでいたわけです。

そしてどのような思い込みを持っているかで、生きやすさが変わってきます。アドラー心理学では「万事認知次第」といいますが、認知（考え方）次第で、生きやすくも、生きにくくもなるのです。どうせだったら、生きやすくなるような考え方、幸せになるのに役に立つ考え方を持ったらいいのではないか、というのがアドラー心理学の考え方です。

当時の僕はコーチのサポートを受けながら、以前の体験とそこからできた認知（考え方）の見直しを行いました。おかげで、より楽に生きられる、役立つ考え方を手に入れることができました。このようなことも僕たちはコーチの仕事の一部だと思っています。

❹［ワーク］あなたの「ブレーキ」の目的は何か？

「イライラ」「怖い」「不安」など感情的になってしまう。やる気がなくなってしまう。やってきたことを自分で台無しにしてしまう——など、せっかく頑張ろうと思っているのに、ブレーキがかかってしまっているような体験をすることがあります。これらの目的を理解する練習をしてみましょう。

あなたがブレーキを感じたのはいつですか？

あなたにどんなブレーキがかかりましたか？　（その時の感情や行動）

そのブレーキの目的は何でしょう？

（嫌われないため。傷つかないため。休息するため。ほかにやりたいことがあるため……など）

あなたの本当の目的は何ですか？

ブレーキにどのように助けてもらえたら良いでしょう？

第6章　初めてのコーチングから1年後

❶ 僕のチームにどんな変化が起きたか

「仕事の学校」と呼ばれて

最初のコーチングから1年以上が過ぎた。いつからか僕のチームは仕事の学校と呼ばれるようになっていた。「ここにいると、自分が何をしたいかが明確になり、それがやれるようになる」と言ってもらえ、ほかのチームの人からも一緒に仕事をしたいと言われるようになった。僕がやっていたことは、メンバー一人ひとりの大きな夢を聴き、今ここでどのように仕事をしたら、その夢の実現に近づくのかを一緒に考えていただけだった。

僕自身もコーチと目標を描き、そこに向かってチャレンジすることを続ける中で、思い描いた目標は達成できるものだと実感できるようになっていたし、次第に大きな目標に向かってチャレンジするようになっていた。

コーチングの可能性を伝える、新しい夢へ

社内でコーチングすることに自信もつき、自分がすっかり変わったことを先生に報告したいと思い、1年ぶりに先生に会いに行った。その日、スーパービジョンというプログラムがあった。

みんなの前で、コーチングをするのを先生に見てもらい、コメントをもらうのだ。自信がついていた僕はコーチとして参加した。少し難しいケースだったこともあったけれど、まったくうまく行かなかった。1年間自分がやってきたことは、何だったのだろうと思った。何人かのコーチがチャレンジしたが、彼らも苦戦していた。

最後に先生がデモンストレーションを見せてくれた。あっという間に、嘘のようにクライアントは変化していった。あまりの鮮やかさに唖然とした。その時僕に次の夢ができた。僕もこれができるようになる。絶対になる。どのようにしたらなれるかまったく想像がつかないが、絶対になる。

いつまでになれるか考えた。見当もつかなかったが、11年後までになると決めた。先生と僕の年齢が11歳離れていたからだ。先生の年齢になるまで、必ずあんなコーチングができるようになる。コーチングの可能性を多くの人に伝える。そして日本で一番コーチを育てている人になる。この日からまた新しい人生が始まった。

第2部
コーチがつくる関係と基本的なスキル

第1章　何でも話してもらえる関係を目指す

❶ コーチングは何のためのコミュニケーションか？

まず自らの人生を生きる

第1部では僕がコーチングと出会った頃のエピソードを通じて、コーチングがどんな考え方に基づいて、どのように行われるのかを見ていただきました。

その中にもあったように、まずはあなたにもコーチングを受けてみてもらいたいのです。特に僕が教えているアドラー心理学をベースにしたコーチングをしたいと思ってくれるなら、それを学んだコーチにコーチングを受けてみてください。そしてコーチングを受けて、自分が変わっていくことを体感して欲しいのです。

私たちはクライアントの「自己実現」と、それに基づく「社会貢献」を促進するためにコーチングをしています。そのコーチングを受けて、あなたにもより自分らしく、貢献する人生を生きて欲しいのです。そんなあなたが関わってくれるからこそ、あなたのクライアントも自分の「自己実現」と「社会貢献」の道を模索するのだと思います。

コーチングの目的はウェルビーイング（幸福）の実現

第2部では、あなたがコーチングをしていく上で基本となるスキルや考え方を解説していきますが、まずはコーチングの目的から順番におさえていきます。

コーチングは何のためのコミュニケーションなのか？ その答えは、コーチングの団体やスクールによって様々です。とはいえ、以下のようなことが目的と謳われることが多いと思います。「人生に豊さをもたらす」「ウェルビーイング（幸福）の実現」「目標達成」「クライアントの可能性の最大化」「パフォーマンス向上」「成長促進」「行動変容」「自立型人材育成」。

まとめてみると「ウェルビーイング（幸福）を実現するため、クライアントが自立し、その可能性が最大に発揮されるよう、成長していくこと」を促進する関わりがコーチングだといえるでしょうか。

ウェルビーイングは「精神的、身体的、社会的に良好な状態」という意味での幸福ですから、社会の中に居場所や役割があることも含まれているはずです。このように考えてみると、コーチングの目的は、団体ごとの違いはあっても、アドラー心理学が目指してきたものと共通することが多いと思います。それもそのはずで、コーチングはマズローやロジャーズによる人間性心理学を母体として生まれましたが、そこにはそもそもアドラー心理学が大きく影響しているからです。

「ゴールイメージ」へ向け、少しずつ、共に進む

コーチングの目的が理解できたら、次はぜひコーチングの「ゴールイメージ」を思い描いてください。コーチングを受けた後にクライアントがどうなっていたら成功かをイメージするのです。

例えば、コーチングを受けることで、クライアントは自分が大切にしていることに気づき、そこに向けて柔軟に発想して、新しい行動を始めます。その内面からはエネルギーが

溢れ、クライアントが持っていた潜在力が発揮されていきます。そして周りの人々とも助け合いながら、より自分らしく社会に貢献する人生へと進んでいくのです。

もちろん1回のコーチングでこれらがすべて起こる必要性はありません。少しでもクライアントがこのような方向に進むことをサポートできれば、それでいいと思います。相手に継続してコーチとして関われるチャンスがある場合は、毎回のコーチングと、その後にとった行動の結果からコーチ、クライアントは共に学びながら、ゴールに向かうプロセスを進めていきます。

❷ 相手の心理的安全性を確保する

コーチの問いかけによって、相手が考える場

あなたがコーチングしていく上で、知っておいたほうがいいことはほかにもあります。今度は心理的安全性についてです。これはいわば、コーチングのスタート地点です。

これまで見てきたように、コーチングの中でクライアントは、自分らしさに気づき、新

しいゴールを設定し、そこに向けたアクションプランを考えます。

コーチングは報告の場ではありません。つまり、すでに決まっているゴールやアクションプランの報告をコーチが受ける場ではなく、コーチの問いかけによって、クライアントがゴールやアクションプランについて考えるための場なのです。

コーチが質問し、クライアントは自分の内側にその答えを探す。クライアントの答えに対して、コーチはさらに質問を投げかける。このような一緒に探索するプロセスを通じて、最終的にクライアントが納得感を持てるゴールやアクションプランを発見するのです。

そんなコーチングの場は安心安全である必要があります。Googleのリサーチチームが効果的なチームに関する研究をしました。その結果は「リスクをとれる環境」がパフォーマンスと創造性を上げる、というものでした。これはコーチングにも当てはまります。

「リスクをとれる場」に

コーチとクライアントは、たった2人ですが、チームです。クライアントがこれからどこに向かって、どう進んでいくかについて意思決定し、仮説検証していくためのチームなのです。コーチもクライアントに、パフォーマンスと創造性を上げて欲しいと考えています。そのためには、ぜひコーチングの場を「リスクをとれる場」にして欲しいのです。

リスクがとれるというのは「無知、無能、ネガティヴ、邪魔だと思われる可能性のある行動をとっても、大丈夫だ」と思えることです。「心理的安全性」です。何も根拠に基づかないことを言っても、どんな効果があるのかわからないやり方をしてみても、それが受容される、面白がられるということです。

相手を気にしながら、これまでと同じことを考えたり、話したりしていても結果は変わりません。直感を信じて、思いのままに喋ったり、試したりすることの中から新しい発見が起こるのです。それを勇気づけるのがコーチの役割だと思います。

ですから繰り返しとなりますが、コーチングを定期的に受けていない人は、ぜひ受けてください。安心安全な環境の中で、コーチと一緒に検討し、納得感を持って決断する体験を重ねてください。安全安心な空間とその効果を自分でも体感できると、他人にも自然と提供できるようになっていくと思います。まずは、何でも話してもらえる関係をつくることを目指してください。

勇気を持って未来を切り開くには？

『嫌われる勇気』の中で、アドラー心理学では心理面の目標として

・「わたしには能力がある」という意識
・「人々は仲間である」という意識

を持つことが大切であると書かれています。

このような意識が持てると、人は勇気を持って未来を切り開いていけると考えているのです。このような観点からいえば、コーチの役割はクライアントに「わたしには能力がある」「人々は仲間である」と感じてもらえるような関わりをすることなのです。ぜひこの観点で、自分の関わり方を振り返ってみてください。

❸ マインドフルであること

その人が本当に望んでいることは何かに関心を向ける

もう一つ大切なことがあります。コーチングの最中は、クライアントの話と様子に集中していてください。クライアントは、上の空で、別のことを考えているコーチの前では、真剣に考えたり、一生懸命話したりしないものです。

ところがコーチ側は悪意なく、むしろ生真面目さゆえに、上の空になることがあります。「次にどんな質問をしようか」「コレをクライアントに気づかせるためにはどうしたらいいのだろう」などと考えてしまうのです。

コーチングは実はシンプルです。まずはその人が本当に望んでいることに関心を向ける。次にその実現に向けて、その人ができそうなことに関心を向ける。究極それだけでいいのです。コーチの知りたいという気持ち=関心だけあれば、コーチングになります。コーチはあれこれ考えなくてもいいのです。考えることはクライアントの役割です。

五感を使って意識を向け続ける

ですから、ぜひ目の前の相手に意識を向けてください。相手をよく見て、よく感じてください。話をよく聴いてください。最近流行の言葉でいうとマインドフルです。五感を使って今この瞬間に起こっていることに意識を向け続けるのです。クライアントに意識がしっかりと向いていると、クライアントの内側で起こっていることや、クライアントの望んでいることに関して直感が働くようになってきます。

僕が話を聴いている時は、映画を観ているような感じに近いと思います。どんな話なのか理解しようと、集中しています。リラックスはしていますが、ボーッとしているわけではなく、真剣に、見て聴いて理解しようしています。僕らがそうやって、熱心に理解したいと思うから、クライアントもそれに応えるため、しっかりと自分と向き合いながら、自分の答えを探そうとするのです。

❹ コーチとクライアント　それぞれの役割

そして、コーチとクライアントのそれぞれの役割に関してもイメージを持っておきましょう。

相手の課題に踏み込んではいけない

コーチングに限らず、アドラー心理学が推奨しているのはいつでも「ヨコの関係」です。相手に教えたり、相手を変えようとしたりする関係はタテの関係です。相手を無力な存在とみなしてお世話をしてあげようというのもタテの関係です。

コーチングやアドラー心理学では、相手を「自分のことは自分でできる存在」「唯一無二の価値ある存在」とみなします。相手には考える力、行動する力があります。そして自らの行動の結果から学び、行動を修正していく力もあるのです。相手が自らの力を活用できるようにサポートするのがコーチです。

クライアントの代わりに考えることは、コーチの仕事ではありません。自ら考え、自ら決断するのは、クライアント個人の課題なのです。アドラー心理学では「課題の分離」といいますが、他人の課題（この場合はクライアントの課題）に踏み込んではいけないのです。

「解決」は自らの手で

クライアントは自らの課題に自分で取り組めます。ですから、共に生きる仲間として、ヨコから応援しているだけでいいのです。

相談を持ちかけられたとしても、こちらで答えを考えたり、ましてや解決してあげたりする必要はないのです。それは本来、相手の課題であり、相手自身で解決できるはずだからです。コーチが代わりに解決をしてしまったら、自ら解決するチャンスを失い、自分の課題を人任せにするようになるかもしれません。

ですから、コーチはクライアントが自らの力を使って、考え、行動し、その結果から学ぶことができるように「あなたはどうなることを望んでいる？」「そのためにできるこ

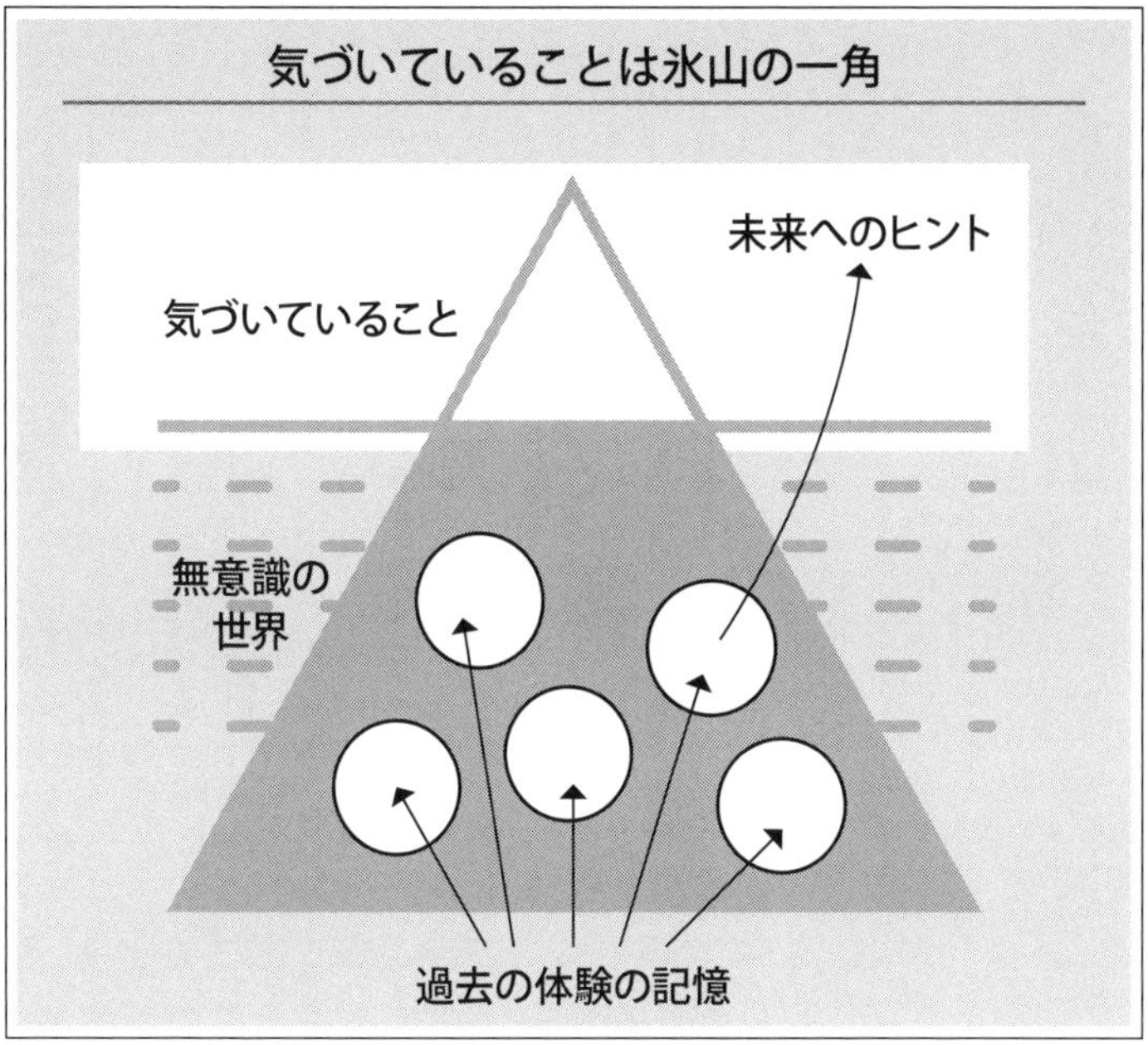

とは何だろう？」「それをしたらどうなりそう？」などと質問を投げかけるのです。

前にこの図を使って説明したように、クライアントの無意識には、過去の体験が無数に眠っています。コーチの問いかけによって、クライアントは、自らの奥にあった体験の中から、未来へのヒントを発見し、それを使っていまの現実に働きかけていくのです。

勇気づけ、サポートする

僕たちコーチはこのプロセスを支援するだけです。自転車に乗る練習に付き合うように、少し支えはしますが、自分で前を見て、少しずつでもいいからペダルを漕いでもらうのです。走り始めたら手を離します。最初はヨロ

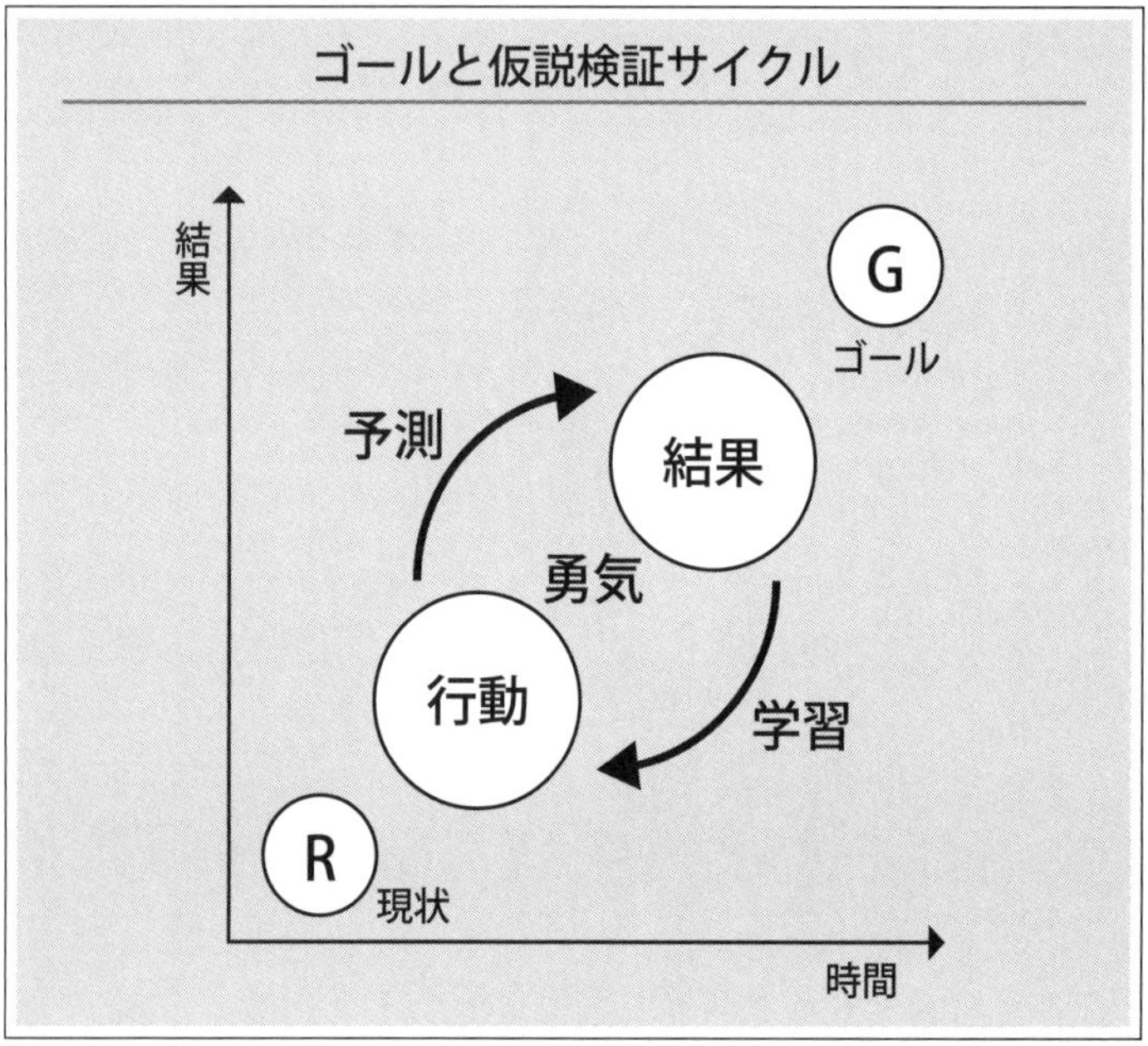

ヨロとしていてもいいのです。自分で進んでいけることに気づいてもらうのです。何度でもトライしてもらい、自信を持って進めるようにサポートします。

コーチングではこれを協働関係と表現します。クライアントが自分の人生の課題に向き合い、新しい行動によって、望む未来へと進んでいくのをコーチはサポートします。そこにあるのは信頼関係に基づく協力関係です。

課題に取り組む責任があるのはクライアントです。コーチはクライアントが課題に取り組み、成果を出せるように、サポートします。何を望んでいるのか問いかけ、そのために何ができるか問いかけます。そして実際に行動を起こしたら、その結果から学び、さらに前

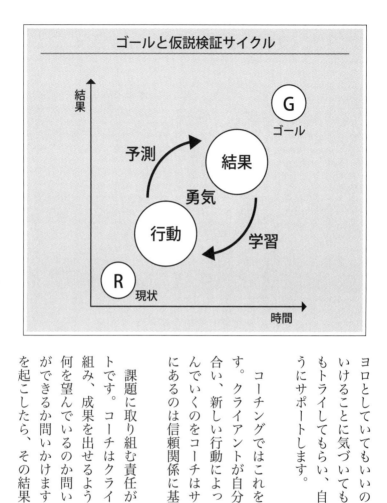

進できるように、問いかけ続けるのです。そしてクライアントが行動と学習のサイクルを回せるように、勇気づけを続けるのです。

右の図のように、クライアントが新しい行動の結果から学習し、次の行動へとつなげていけるように勇気づけ、サポートするのがコーチの役割です。このサイクルを回し続けていくことでクライアントは何をやったらどうなるかという予測力を向上させ、効率的・効果的に目標に向かって進めるように成長していきます。

❺「守秘義務」と「二重関係」の回避

聴いた話を口外しない約束

そんなコーチとクライアントの関係を保つ上で大切なこと。それが「守秘義務」と「二重関係を避ける」ということです。

まず「守秘義務」です。これは相手＝クライアントから聴いた話を口外しないという約束です。あなたがこの約束を守るとクライアントが信じるからこそ、あなたのコーチングは何でも話せる安心な場になります。ほかの人には聞かれたくないことも含めて、何でも言える場をつくるために、守秘義務を守って関わってください。相手から相談を受けた時に、相手に対して「聴いたことを誰かに話すことはない」ことを伝えてあげてください。

相手とは、コーチング以外の関係を持たない

次に「二重関係を避ける」ことについて。私たちプロのコーチは、クライアントとコーチング以外の関係を持ちません。コーチング以外の関係とは、仕事上の関係とか、恋愛関係などのことなどです。コーチング以外の関係を持ちながらコーチングすることを二重関係というのですが、なぜこの二重関係を避けたいのでしょうか。

それは二重関係にあると、純粋に相手の立場をサポートしづらくなるからです。部下だったり、恋人だったりすると、相手に対して、こちらの要望も出てきやすく、ニュートラルに関わることが難しくなりますね。だから二重関係を避けるのです。

原則通りの「関係」が成立しない時には？

ところが、実際には家族や会社のメンバーから頼まれて相談に乗ることもあると思います。その際はどうしたらいいのでしょう。一つは別のコーチを紹介するなど、ほかを当たってもらうことです。特に私情が出てきそうな相手や相談内容なら、別のコーチに頼んでもらうことを検討するのがいいと思います。もう一つは、いったんあなたの考えは脇に置いて、相手の話をコーチとして聴いてみることです。それが終わってから、必要に応じて自分の考えも伝え、どうしていったらお互いにとって良いか、一緒に考えていくのです。

例えば部下のコーチングをしていて、自分の方針とは違って困ることを相談されても、最後までそれを聴ききった上で、あらためてどうしたらいいか、一緒に話して、双方が合意できるところを目指すというアプローチです。

コーチングを始める前に、知っておいたほうがいいことをご紹介してきました。簡単にまとめてみると、あなたはあなたらしくいてください。そして何でも話してもらえる関係の中で、相手の中に答えがあると信じて、相手に関心を向け続けて欲しいのです。

次章では、このことと関連してカール・ロジャーズやアブラハム・マズローの理論を紹介し、コーチの関わり方について、さらに理解を深めてもらいたいと思います。

第2章　自己実現を促進するコーチの態度と聴き方

❶ 居酒屋マネージャー時代に出会った女子高生

「困ったアルバイト」の一人

実は僕が最初にコーチングをしたのは、コーチングを学ぶ「前」でした。誰に教わったわけではないけれど、実は後から振り返ったらコーチングのようなことをしていたことがあったのです。

20代前半の一時期、僕は居酒屋でマネージャー業務をしていたことがあります。2ヶ月ほどの研修の後、ろくに現場も知らないまま、そのポジションについたのです。不器用な僕は、ベテランバイトのメンバーと同じ水準で仕事をすることさえ大変でした。けれど、それよりも苦労したのが、採用と新人指導だったのです。

そもそもやる気に溢れ、能力が高い人ばかりを採用できるわけもありません。やる気に乏しそうでも、こちらが望む時間帯に出勤してくれそうなら採用せざるを得ないこともありました。

その結果、対応に困っていたアルバイトがいました。彼女は商業高校に通う女子高生でした。仕事後に友達と話している時は楽しそうだったけど、僕に対しても、お客さんに対しても笑顔を見せることはほとんどなかったし、オーダーの際も声が小さくて聞き取りにくい。元気さが売りの居酒屋では困ったもので、そのことは何度も伝えたけれど、協力する態度を見せてくれませんでした。

かたくなな態度が、変わったきっかけ

僕はだんだんイライラして、厳しく当たるようになりました。朝礼で彼女の顔の前に鏡を掲げて、笑顔になるように迫ったり、店の外の駐車場に連れ出して、大声で「いらっしゃいませ」と言わせようとしたり、意地になって彼女を変えようとしていました。完全にタテの関係で相手を変えようとしていたのです。

でも彼女は変わりませんでした。変わらないまま仕事を続けていました。このままでは何も変わらない。そう思った僕は、一回彼女としっかり話をしてみようと思い、その時間をとったのです。最初はどう切り出していいかわからず「バイトは楽しい？」と質問しました。「普通です」との答え。今日は感情的にならないと決めてはいたけど、最初からこれでは、正直何をどう話したらいいかわかりませんでした。

「そもそもうちで働こうと思ったのはどうしてだっけ？」と質問してみました。答えは「家から近かったからです」。「そっか。ほかには？」ときくと「時給が良かったからです」。ここで僕は感情的になりかけました。だったら時給分働いてくれよ！　と。

感情的にならないように、いったん彼女の言葉を冷静に受け止めようとしました。その時、ふと疑問が湧いてきたんです。この子はバイト代を何に使うんだろうか。つまらないバイトをして稼ぐお金は何のためなんだろう。

「変えようとするな、知ろうとせよ」

カウンセリング業界に「変えようとするな、知ろうとせよ」という言葉があります。いま振り返ってみれば、僕は知らずにそれを実践し始めていたのです。

「ねぇ、バイト代どうするの？」「貯金です」。貯金？　全然予想と違いました。興味が湧いてもっと知りたくなりました。「貯金してどうするの？」「専門学校行きたいんです」「専門学校？　何の？」「美容です」

商業高校に通う彼女が美容の専門学校？　どうしてだろう。尋ねると彼女は少しずつ答えてくれました。お母さんが美容師で、家が美容院であること。子どもの頃からお母さんの仕事を手伝うのが好きでお店にいたこと。常連さんたちはみんな仲良く、ずっとテーブルでコーヒーを飲みながら話をしていること。みんながきれいな髪でキラキラしていること。自分はいつか、お母さんの店を継ぎたいのだということ。

全然そんなことは知りませんでした。そして話に夢中で気づかなかったけれど、気がついたら彼女は笑顔になっていました。もっと知りたくなって「どんなお店にしたいの？」ときいたら、お店の改装計画や導入したいサービスなど色々な話をしてくれました。それは素敵な夢で、実現したら、常連さんにとっても、この町の人たちにとっても、素晴らしい場所になると思えました。

気がついたら僕は言っていたんです。「ねぇ。この店でも、それやろうよ」。その瞬間彼女の笑顔が消えました。真顔になった彼女は、ちょっと間をおいてから「どういうことですか？」と尋ねてきました。純粋に意味がわからないという表情でした。「ほら、お客さんが笑顔で楽しくおしゃべりしてて、キラキラしてくれたら嬉しいのは、この店も一緒だし、同じこの町に住んでる人たちなわけだし」などと一生懸命説明する僕の言葉を彼女は静かに受け止めて「そうですね」と言ったきり黙ってしまいました。

「未来の自分」を生き始めた彼女

どうしていいかわからなくなった僕は「とにかく考えてみて」と言って面談を打ち切りました。それだけでした。でも、その日から彼女は変わりました。お客さんが来ると誰よりも早く玄関に迎えに行くようになりました。小さな子ども連れだと、子どもの手をとって案内していました。キッチンのメンバーからも報告がありました。「彼女から調理マニュアルを見せて欲しいと言われました。お客さんにちゃんと説明できるようになりたいからだって。彼女、急にどうしたんですか？」

数ヶ月後のある日。18時45分にそれは起こりました。「宮越さん。私19時で上がってもいいですか？」。普段は早上がりは困るのですが、その日は正直ありがたかったです。お客さんが少なくて、スタッフが余っていました。でも正当な理由なく早上がりされるのも今後のことを考えると避けたいものです。だから理由をききました。その答えを僕は忘れることがないでしょう。「今日はお客さん、予想より少ないじゃないですか。このままだと売上高人件費率が目標に届かないと思って」

耳を疑いました。確かにバックヤードには目標数値一覧を掲げていたし、朝礼などでは伝えていたけど、彼女がそんなことを意識していたなんて思いもしませんでした。あまりにびっくりして、「あ、ありがとう。じゃあよろしくお願いします」と返すのが精一杯でした。

彼女がいなくなったフロアで僕は考えました。「自分の夢である専門学校に行くためにお金を貯めているのに、自分のことより、お店のこと考えてくれるなんて、どうしてだろう」。そして、その答えに気づいて僕は驚きました。「彼女の意識は、もうバイトの女子高生じゃないんだ。この町で一番人気の美容室のオーナースタイリストなんだ。みんなを幸せにする人なんだ。彼女は居酒屋の接客も、その視点でやっているんじゃないだろうか」

彼女は未来の自分を、今ここで生きていたのです。当時はコーチングもアドラー心理学も知らなかったけれど、何かすごいことが起きているのはわかりました。そしてそれは、僕が彼女に言ったことだったんです。「ねぇ。この店でも、それやろうよ」

彼女はそれを真剣に受け止めてくれたのです。そして自分で決めて始めたのです。胸がいっぱいになりました。彼女にあらためてお礼が言いたかったけれど、新規のお客様が続き、しばらく手がはなせない状態になりました。それから1時間ほど経って、さすがにもう帰ったよな、と思いながらスタッフルームを覗いてみると、セーラー服に着替えた彼女が何かを夢中で書いているのが見えました。常連のお客様へのクーポン付き葉書に、一件一件メッセージを書いていたんです。

❷ コーチングに必要な能力はすでに備わっている

あなたも「コーチングをした」ことがあるはず

いかがだったでしょうか。20代の終わりには「看守」と呼ばれ、チームを崩壊寸前にした僕です。その後、コーチングに出会って、人生を立て直しましたが、実はそのはるか前にコーチングのようなことをしていたのです。しかもそれをすっかり忘れていたのです。

この出来事を思い出したのは、コーチングを学んで数ヶ月後、チームのメンバーにもコーチングを使って関われるようになった頃のことでした。「あれ、こんなこと、以前にもあったな」と思い出したのです。

なぜ僕がこの体験をここでご紹介したのかというと、コーチングに必要な能力をあなたもすでに持っていると伝えたいからです。あなたもかつてコーチングに近いことを無意識的にしたことがあると思うのです。

ただ、相手を受け入れ、その話を聴く。本当はどうしたいのか、問いかける。相手が自分なりに行動するのを応援する。その結果起こったことから学び、次の行動に移るのを勇気づける。これがコーチングです。私たちはコーチングするために、必要な能力をすでに持っています。そして部分的かもしれないし、無意識的にかもしれませんがコーチングのようなことをした経験もあるはずなのです。ですからコーチングに必要な能力を一から身につける必要はありません。あなたの中にすでにあるものを使えばいいのです。

❸ 誰もが自己実現傾向を持って生きている

「自己実現」に向かっていく本能

そして、コーチはクライアントに自己実現をして欲しいと望んでいますが、そもそもクライアントは自己実現をする力を持っています。だから僕たちコーチは、クライアントが持っている「自己実現する力」を使えるような関わりをすればいいのです。そのためにはスキルよりもコーチの関わり方＝態度にまずは意識を向けて欲しいのです。

アドラーから強く影響を受けた心理学者にカール・ロジャーズがいます。カール・ロジャーズは、人間性心理学の創設者の一人です。先にも書いたように人間性心理学はコーチングの母体となっています。

ロジャーズは私たち人間にはそもそも「実現傾向」があるといいます。望んでいることを実現し、望む人生を生きる力がある。「自己実現」に向かっていく傾向を持っているというのです。

僕は、この考え方に最初に触れた時に、とても驚きました。その頃は、自己実現するなんて遠い夢みたいなものだと思っていたのです。だから誰もが自己実現する「傾向」があるとは、にわかに信じられませんでした。けれど、ロジャーズの考えに触れるうちに、確かにそうだなと思い始めました。猫が猫になるように、桜は桜になるように、人間は人間になるのです。人間になるしかないし、自分らしく進むのが本来は自然な道なのです。

自己一致して生きる瞬間を積み重ねる

20代初めにコミュニティづくりに興味があった頃に通っていた、世田谷のプレイパークという公園のことを思い出しました。地主さんから使っていなかった「原っぱ」を借り受けて、そのまま公園にした場所です。この公園では法令に反しない限り一切の禁止事項がありません。例えば火を起こしても、ナイフを使っていても、勝手に遊具をつくっても、子どもたちを止める大人はいません。その代わりに常駐しているスタッフが、安全を見守りながら、子どもたちの遊びの相談にのっていました。

こんな環境にいる子どもたちは、まさに自由です。基地づくりをする子。一輪車で走り回る子。絵を書いている子。焚き火をたいて料理をつくっている子。工作をしている子。幼児から中高生までが、それぞれの形でこの公園を利用して自分のやりたいことを実現していました。

究極の理想像を生きることだけが自己実現なわけではなく、その時その時の自分の心の声を大切にしながら自分らしく生きることも自己実現なのです。自分の心の声に気づきながら生きていることを「自己一致」しているといいます。自己一致して生きる瞬間の積み重ねによって私たちは、自分らしさを理解し、そこに向かって成長していきます。その結果として、これこそが自分自身である！　といえる人生となっていくのだと思います。

このように、私たちは生まれた時から個性があるし、成長するにつれてそれが際立ってきます。周りが余計な手を加えなければ、彼らはやりたいことを探求し、自分で工夫しながらどんどん成長していきます。

私たちの身体は、私たち自身であろうとしている

そして、この「やりたいこと」をする時に湧き出てくるエネルギーがあることを思い出してください。あなたにもきっと思いあたることがあると思います。楽しくて夢中になった時にだけ生まれるエネルギー。そしてアイデアがどんどん生まれ、身体も自動的に反応し始め、無意識と一体になって進んでいくような感覚。私たちが自発的な行動をとる時、脳の中ではドーパミンなどが放出され、脳機能も活性化しているのです。

私たちの身体は、私たち自身でありたがっている。つまり自己実現したがっているのだと思います。だからこそ「やりたいこと」に出会って、取り組んでいる時に、エネルギーが湧き出てくるのです。そんな時はうまくいかないことがあっても気にしないはずです。様々な工夫をしながら、もしくはいろいろな人たちから学びながら、それを乗り越えていくはずです。

一生を通じてそんなふうに生き続ける人もいます。他人が何と言おうと気にせず、その時々の心の声を聴きながら、自分自身を探求し、ほかの誰でもない自分らしい人生を生きているような人。そうでありながら、他人の在り方も尊重し、気持ち良い距離感で率直なコミュニケーションをとれるような人。

実は誰もがそう生きられるし、本来そう生きる傾向を持っている。最初はロジャーズの

「実現傾向」という考えを疑っていた僕ですが、いまではそう信じています。

❹ 実現傾向を邪魔する「関係性」の存在

人は本来クリエイティブな存在

僕自身はコーチング、アドラー心理学、そしてロジャーズの人間性心理学と出会う中で、段々と自己実現傾向を取り戻してきました。やりたい仕事をやれるようになったということだけではありません。教え方も振る舞いも、人との関係性のつくり方も、自分がその時その時々に、こうありたいと思っていることに素直にいられるようになりました。仕事以外もそうです。誰と、どんな場所で、どんなふうに、どんな時間を過ごしたいか。心の向くままに生きていますし、年を重ねるごとにますます自分らしくなってきていると思っています。

コーチングを知る以前は、社員は会社のために働く駒である、と思い込んでいた僕が大きく変わったものです。でも当たり前ですが、生まれた時から、自分は会社のために働くんだ。会社で認められることが人生なんだ。と思っていたわけではありません。

子どもたちは「寝返りがしたい」「あのおもちゃを手に取りたい」「あそこまで歩きたい」――自分で思い描いたことを実現しようとしつこく挑戦し、自分のものにしていきます。そして「お姫様になりたい」「サッカー選手になりたい」などの夢も、ごっこ遊びなどで実現していきます。必要な大道具小道具を自分でつくりながら、どんどんと実現していくパワーとクリエイティビティは圧巻です。人は本来クリエイティブな存在なのです。

周囲の価値観に「適応」し続けることで失われるもの

ところがこの「実現傾向」が邪魔をされて、失われていくことがあります。その要因となるのが、周囲の大人たちの価値観から生まれる要求です。「おとなしくして欲しい」「弟妹の世話をして欲しい」「勉強をして欲しい」「ちゃんとしたやり方でやって欲しい」。子どもは大人の保護を必要としているので、これらの要求を無視し続けることはできません。次第にこれらに適応していくことになります。

そうするうちに、自分で夢を思い描かなくなり、夢の実現のために創意工夫するエネルギーは使われなくなってきます。そして、だんだんと自分が望んでいることが何かもわからなくなってきます。さらには、最初のうちはどこかで感じていた、つまらなさや息苦しさも、いつしか当たり前のものになっていくのです。こうして「実現傾向」が失われていきます。

僕の場合、共働きの家庭に育った長男でした。両親は真面目にコツコツ仕事をするタイプ。大変そうに見えましたが、それでも働き続けることが大切なのだと、両親を見て学びました。そして僕はかなりだらしない子どもだったので、ちゃんとしなさいと言われることも多かったと思います。そんな中で、自分はもっとちゃんとしなくちゃダメなんだ。世間から認められるようにならなきゃダメなんだ。と思い始めてしまったのです。

それでもうまくできないことも多くて、両親をガッカリさせたことも多々あります。それで自分を責めることや自暴自棄になることも増えました。別にうちの両親は僕にそんな体験をさせたかったわけでもないでしょう。彼らは誠実に自分の人生を生き、自分が大切だと思うことを僕に伝えてくれただけです。それなのに子どもの僕は、なぜだか自己否定を始めてしまいました。

そして、だから今度こそはうまくやらなきゃ、と自分にプレッシャーをかけるようになりました。少しでもうまくいったら、それを手放さないように、もっと頑張らなくてはと思ってしまいます。ちょっとでもうまくいかないと、やっぱりダメなのかと諦めてしまう。気がついたらそんなふうになっていて、だから、会社でも自分に鞭を打ちながら、ひたすら頑張り、気づいたら周りにも鞭を入れようとしていたのかも知れません。

自分の心の声を手放さない

こんなふうに、些細なことがきっかけになって、自分の心の声に従うことを手放してしまうことがあるのです。そんなことが続くといつの間にか、自分が本当は何が好きだったのかもわからなくなってしまいます。また心の声に気づくことができないと、本当は苦しくてたまらないのに、それもわからなくなったり、わかっていても無いことにしてしまったりすることもあるのです。僕もそうして鬱になってしまった時期もあります。

このように、本来は自己実現傾向を持っている私たちが、それを保って生きていけるかどうかは、人間関係の中から、何を学んだかに関係しているのです。

❺ 実現傾向を取り戻すための3条件

自己実現傾向を支える人間関係のあり方

周囲の価値観に重きを置くうちに、自分が望んでいたことが何だったのかがわからなくなり、自分が持っているエネルギーが発揮できなくなっている人たち。そんな人たちはどうしたら「実現傾向」を取り戻すことができるのでしょうか。

ここでこの章の最初の居酒屋の女子高生の話を思い出して欲しいのです。当時の僕はコーチングも知らなかったし、ましてやロジャーズの理論などまったく知りませんでした。ただ彼女に関心を持って話を聴いただけです。それでも彼女には何かが起こりました。彼女は自分の本当に求めているものに気づき、今ここでできることから、自分の人生を生き始めたのです。お金のためにつまらない仕事をするのではなく、彼女は「実現傾向」につながり、自分の人生を生き始めたともいえるでしょう。どうしてこんなことが起こったのでしょうか。

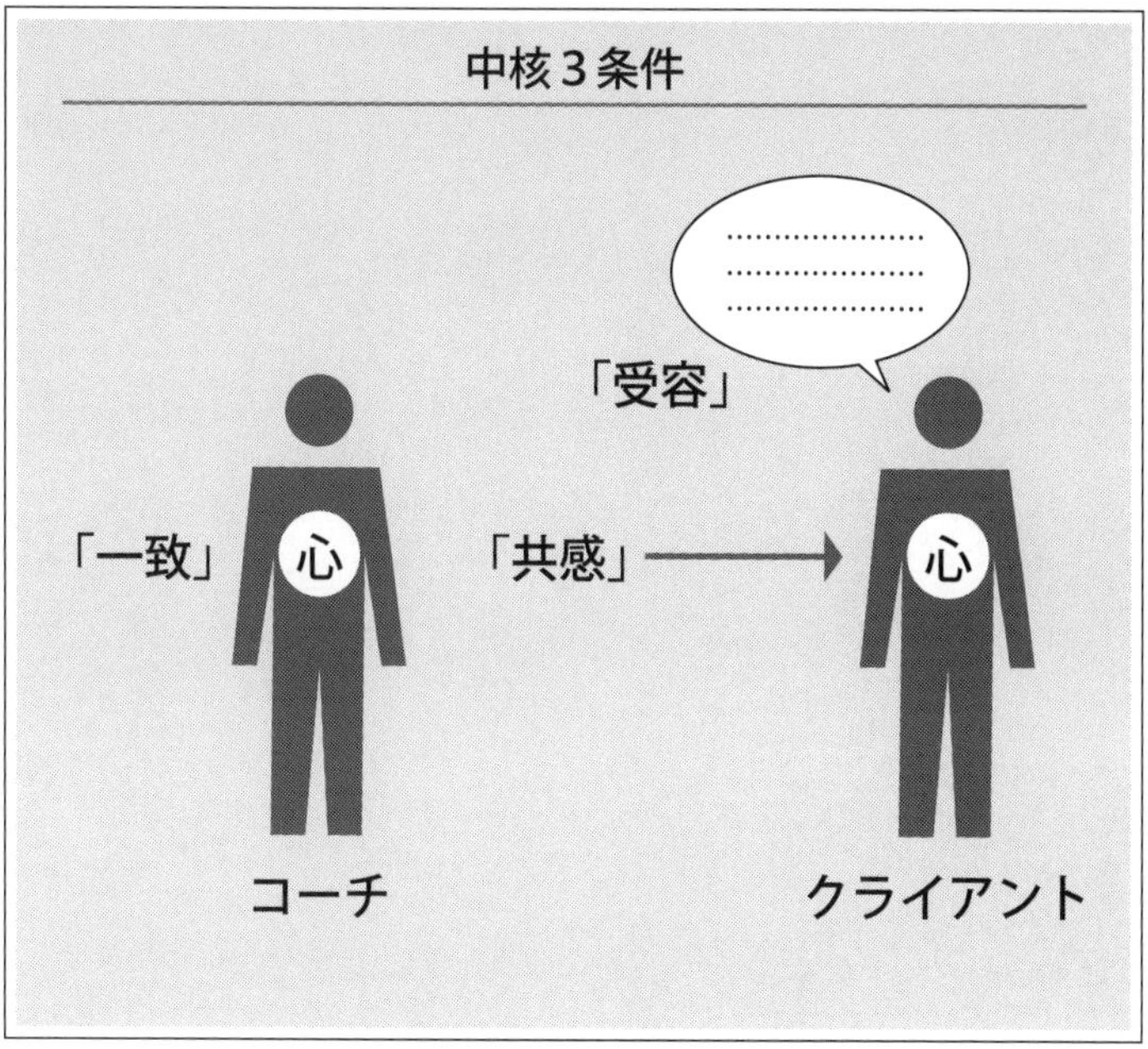

人はある種の人間関係の中で、再び実現傾向を取り戻すのです。これもロジャーズが提唱した考えです。以下の条件を満たす人と出会うことで「実現傾向」を取り戻すというのです。それが「無条件で受容」し「正確に理解し共感」をしようとしてくれる「自己一致」した他者との出会いなのです。これは中核3条件と呼ばれています。

上の図のように、コーチは相手の言うことや態度を「無条件で受容」します。否定しては話が進まないからです。そして、相手の話に安易に共感するのではなく、その背景にある体験や、クライアントが「心」から望むことを「正確に理解し共感」しようとするのです。「変えようとするな、知ろうとせよ」です。そして、それをしているコーチは、自らの心の声を聴き、そのことを大切にしている人（＝「自己一致」）なのです。

なぜこのことが大切なのでしょうか？

クライアントの立場から考えてみると、目の前のコーチは自分の気持ちを大切にしながら生きている。そのコーチは私（クライアント）に敬意をはらい、信頼し、何をどのように話しても受容してくれる。そしてその奥にある本当の思いに関心を持ち、それを正確に理解しようとしてくれる。

こんな関係性があるから、クライアントは、自由に話したり、考えたりしながら、自分の本当の望みに気づくことができるのです。そして目の前のコーチが、自分の気持ちを大切にしながら生きていることに勇気を得て、自分もそうしようとするのです。こうしてクライアントは実現傾向を取り戻すことになります。

①無条件で受容

先ほどの女子高生の視点で考えてみます。うるさかったマネージャーが「笑顔にならない自分」も「最低限しか話さず、後は黙っている自分」も「時給が高かったからと答える自分」もそのまま受け入れてくれた。どんな言い方で何を言っても、言わなくても、それをそのまま受け入れてくれる。だから相手に対して、率直に感じたままを話せるようになるのです。これが「無条件で受容」です。彼女自身も、もしかしたら自分の態度は良くないと思っていたかもしれません。しかし、マネージャーがそのまま受け入れてくれたから安心して素直に話ができたのではないでしょうか？

②正確な共感

その上で「貯金は何のため？」「どうして美容師？」「どんな美容室にしたい？」などと自分が何をしたいのか？　自分にとって何が大切なのか？　に関心を向けてくれる。だから一生懸命その答えを探そうとするのです。ロジャーズはこのことに関して「正確な共感」をしようとすることが大切だと教えています。不正確な共感とは「貯金は大切だよね」とか「美容師はいいよね」などと、相手の本当の想いがわかっているわけでもないのに共感を示すことです。

「正確な共感」とは「美容師になりたいっていうけど、具体的にどんな美容師になりたいと思っているんだろう?」「それはどうしてなんだろう? お母さんの影響と言うけれど、実際のところどんな影響なんだろう? それ以外には理由はないのかな?」などとその人の言葉が意味するところを、具体的に正確に理解したいという態度です。

このような関心を持つ人が、熱心に話を聴き、さらに正確に理解しようと質問をしてくれること。そのことにより、普段一人で考えるよりも、もっと深く自分との対話をすることが求められ、結果として自分の心が本当に望んでいることが何であるのかを理解するチャンスを得るというわけです。

バイトの女子高生も、僕が彼女の未来について強い関心を持って話を聴いたため、あらためて自分が何のために頑張っているのか、どんな人生を生きたいかを明確にすることができたのだと思います。コーチは「知りたがり」です。「この人の本当の望みは何なのか?」「それは具体的に何がどうなることなのか?」コーチの関心に答えようと自分の内面を探索するうちに、クライアントは心に火がつくような「手に入れたいもの」を発見するのです。逆にいうと、僕らはクライアントの心に火がつくような「手に入れたいもの」に関心があり、それを一緒に探したいのです。

③自己一致

最後の条件が「自己一致」です。これはコーチなど、関わってくれる相手が、自身の気持ちに正直に生きている、自分の気持ちと一致して生きているということです。コーチは自分自身の気持ちを大切に生きている。そんなコーチが私のあらゆる言動を受容してくれる。そしてその奥にある本当の願いを知りたいと関心を向けてくれる。だからこそ、クライアントは自分の気持ちに気づいた時に、それを大切にしようと思いますし、大切にしていいのだと思えるのです。目の前のコーチが自分の気持ちを大切に生きている姿がそう感じさせてくれるのです。

思い返してみると、バイトの女子高生から話を聞いている時、僕の中から「べき」が消えていました。「自分はこうあるべき」も「相手はこうするべき」も消えていました。そうではなく、ただ彼女の話に関心を持って、ただ彼女の夢を素敵だなと想い、ただここで一緒にできることがあるならやってみたいと考えていました。僕の上司がどう評価するか？　とか、ほかのメンバーがどう思うか？　などは一切考えず、僕もただ自分の感じるままに相手と共にいたのです。

当時の僕は、コーチングのスキルは知りませんでしたが、結果として相手にコーチとして関わっていたのです。そして彼女は自然に変化していった。僕はこのことを忘れないでいたいと思います。スキルを学べば学ぶほど私たちはそれを使って相手を変えようとしてしまうことがあります。「変えようとするな。わかろうとせよ」です。相手をより深く理解したいと思うこと。そしてそれに先立って、自己理解を深め、自分の想いを大切に生きること。それが大切だと思うのです。それがあれば、それだけでもコーチでいられると思います。

しかしあらためて振り返ってみるとやっぱり不思議です。20代前半にこんな体験をしたこともあったのに、それをすっかり忘れて、20代の終わりには「監獄の看守」と呼ばれるようなマネージャーになっていたのですから。看守時代に、この時のことを思い出し、同じようにチームメンバーと関われたらよかったのでしょうが、そうはなりませんでした。けれどそのおかげで、コーチングに出会い、謎解きができました。

❻ 相手の話を「傾聴」することがスタート

「傾聴」に必要な三つのポイントをおさえる

ここまで、ロジャーズの自己実現傾向とそれを支える人間関係の条件について見てきました。

では具体的には何をしたらいいのでしょうか。ここで出てくるのが「傾聴」です。クライアントの話に意識を向け、それをしっかりと受け止め、その奥にある本当の望みが知りたいと関心を持って聴き続ければよいのです。

まずは以下の三つを大切にして聴くといいでしょう。

①リラックスして相手に意識を向ける
②相手の心の温度を感じとり、合わせる
③相手のスピードやリズムに合わせてリアクションする

①リラックス

最初にリラックスです。あなたに力が入っていると、相手にも力が入ります。クライアントはリラックスして自由に話す時に、自分の本当の想いに触れ始めます。コーチングは用意してきた話を報告してもらう場ではありませんから、自由に話しながら、自分自身への探索を深めてもらうためにも、まずはあなたがリラックスして、その空気の中に相手を迎え入れてください。そして、いま、目の前で話しているクライアントに意識を向けます。しっかりと相手に敬意をはらい、相手を受け入れ、相手を理解しようという態度を示してください。

②温度感

基本的には和やか、穏やかな空気感でいてください。その方が相手も受容されていると感じやすいですし、相手もリラックスします。その上で相手の「温度感」を感じてそこに合わせていってください。相手がハイテンションの時は、こちらもテンションを上げたほうが、相手はより話がしやすくなると思います。相手が落ち込んでいる時は、こちらも少しトーンを落としたほうが、相手は自分のペースで話がしやすいと思います。いずれにしても、相手を感じながら、相手の話しやすい雰囲気をつくるというのが大原則です。

③リアクション

そしてリアクションです。あなたの反応（リアクション）がないと、相手は話しづらくなります。リアクションの基本は相槌を打つことです。相手のスピードやリズムを感じながら、相槌を打ってください。コツはカラオケに合いの手を入れる時と一緒です。ずれた合いの手を入れられると歌いづらくなりますね。そして曲調（ムード）に合わせることも大切ですよね。それと一緒で、相手の話のテンポやムードを感じながら、相手が話しやすいように、相槌を打とうとしてください。相手が乗って話してくれるようになると、次第に相手は心の内側、本心とつながっていきやすいのです。

これが「傾聴」のベースです。これらをおさえた聴き方ができるようになると、相手はあなたに対して、正直に、率直に、思うところを話してくれやすくなります。それだけでも相手にとっては効果があります。聴いてもらえてスッキリした、とか、自分の本心に気づけて納得感が生まれた、などの効果です。

「確認する」——「傾聴」をさらに深める方法

この基本的な「傾聴」をさらに深めるのが「確認する」というコンセプトです。ロジャーズは「理解の確認」をすることが大切だと言っています。どういうことでしょうか？　相手の話を聴いて、自分なりに理解したことを「〜という理解でいいですか？」と確認するのです。コーチからこのように問いかけられることで、クライアントはもう一度、自分自身の内面に向き合います。

確認する時のコーチの意識も大切です。「〜の理解でいいよね！　間違ってないよね！」ではなく「ここまでの話で〜と理解してるけど、いいかな？　より正確に知りたいと思っているのだけれど」という気持ちでいて欲しいのです。これは正確な理解（共感）がしたいという気持ちの表れです。

このように、相手の話に意識を向け、しっかりと聴きながら、要所要所で、こちらの理解を相手に確認していく。このような関わりをすると、クライアントは、さらに自分自身と対話をし、自己理解を深めていくことになります。

コーチングの基礎トレーニングとして、まずはロジャーズの3条件を大切にしながら、傾聴をする練習をしてみてください。傾聴が上達するにつれて、クライアントは様々な話を自由にしてくれるようになります。ただあなたが話を聴いているだけで、どんどんと自分の内側に触れながら話してくれるのです。

その上で、❽に紹介する、「確認の質問」も使ってみてください。

❼ 相手の「沈黙」を大切にする

沈黙は探索の一部

ただ傾聴をしていると、相手が沈黙する瞬間があります。その時は「これが相手のペースなのだ」と考えてみてください。相槌を入れるのをカラオケの合いの手に例えて説明しましたが、沈黙は間奏のようなものだと捉えてみるのです。間奏の間に、別の歌を歌ったりしないのと同じで、続きが始まるまで待っていたらいいのです。

ロジャーズの共同研究者たちが発見したことですが、クライアントは「探索的」に話している時ほど、必要な気づきに出会う可能性が高まるのです。

前にも触れた通り、クライアントは自分の内側に答えを見つけに行こうとすればするほ

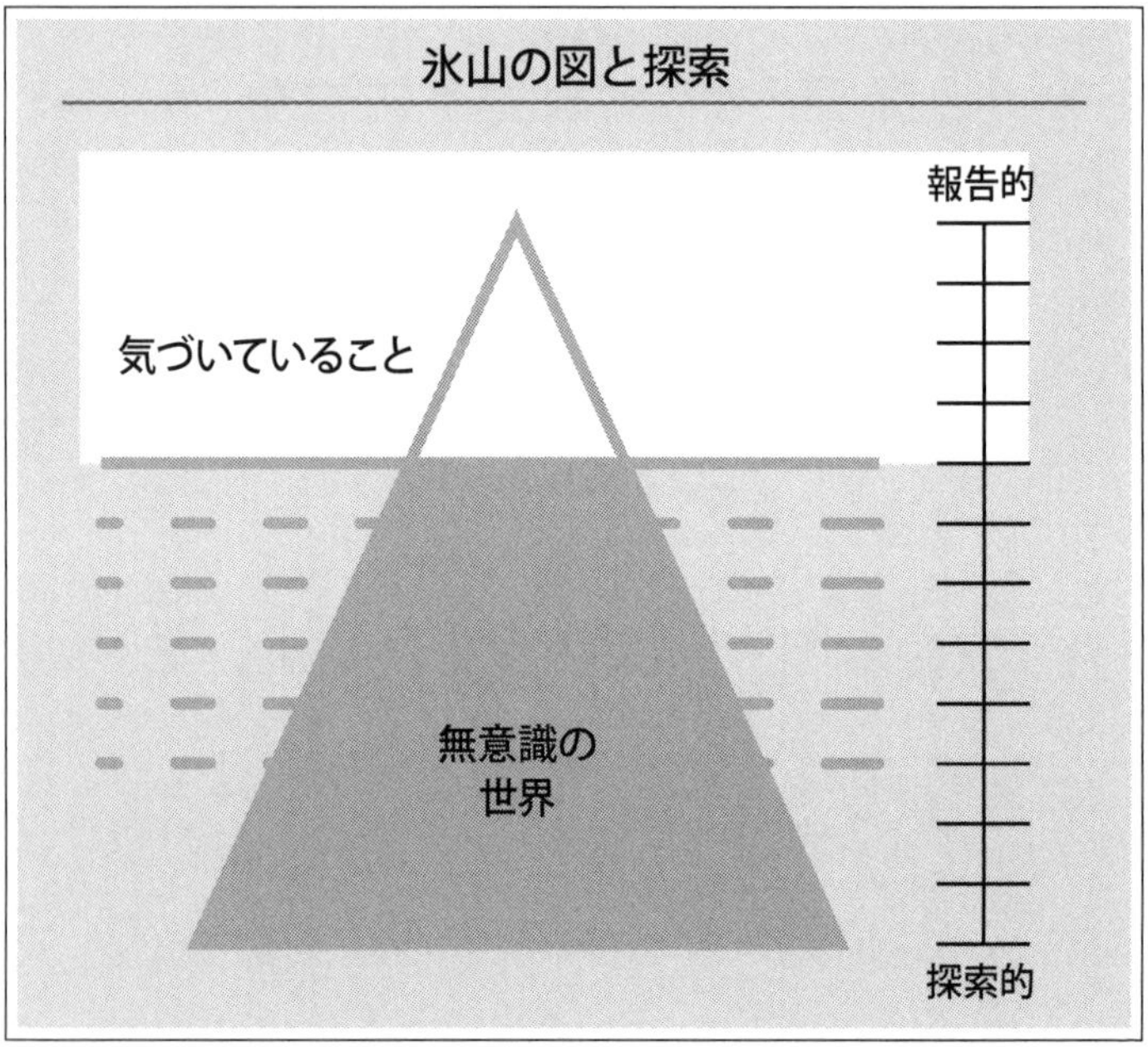

ど、話し方が探索的になります。つまったり、言いよどんだり、言い換えたりしながら、ゆっくり話すようになるのです。そうしているからこそ、必要な気づきに近づくわけです。すでにわかっていること、いつも話していることを報告してもらうだけでは、変化は起きないのです。

この図のように、無意識の世界からヒントを探そうとすればするほど、話し方が探索的になるのです。ですからコーチは相手が探索的な話し方をしていたら、「うまく進んでいるぞ」と考えます。沈黙は探索の一部でもあるわけです。ですから気まずさを感じて、コーチ自ら何か話し始めたり、新しい質問をしようとしたりしなくてもいいのです。

次の言葉が生まれる瞬間を待つ

クライアントと同じ時間を感じながら、次の言葉が生まれるのを待ってください。クライアントが何について話したらいいか途方に暮れていることもあると思いますが、多くの場合それは雰囲気でわかるはずです。相手が途方に暮れているようだったら、何について話してもらいたいかあらためて伝えてもいいのです。

クライアントが沈黙している理由がわからない時はクライアントに「いまどんな感じ？」「いま何が起きてますか？」などと穏やかに尋ねてみればいいでしょう。

いずれにしても沈黙に焦らず、むしろ大切にしてください。

❽「確認の質問」で傾聴を深める

相手の話をより正確に理解するための6種類の質問

公開されている僕のコーチングビデオなどを見ていただけるとわかりますが、僕自身はじっと聴いていることもありますが、相手の話の途中でかなり質問を挟んでいます。傾聴のコンセプトを大切にして話を聴いているつもりですが、一般的に思われている傾聴よりももっと、相互的＝インタラクティブな聴き方に見えると思います。僕はこれをインタラクティブリスニングと呼んでいます。

相手の話を聴いている途中で、僕が使っている質問は、ほぼ決まったものです。それらはすべて、相手の話をより正確に理解するための質問＝「確認の質問」です。以下、代表的なものを6種類紹介します。

①具体化　「～っていうのは？」「どういうこと？」「例えば？」
②網羅　「ほかには？」「全部言えた？」
③目的　「どうして？」「何のため？」
④反芻　「言ってみてどう？」
⑤抽象化　「つまり？」「まとめると？」
⑥肯定形　「～の代わりに何？」「～でなく何？」

①具体化　「～っていうのは？」「どういうこと？」「例えば？」

まずは具体化の質問です。相手の話を正確に理解（正確な共感）するためには、この質問が欠かせません。一番使われるのがこの質問です。クライアントはほとんどの場合、抽象的な話をしていますから、クライアントの話している言葉をつかまえて「〜っていうのは？」「例えば？」などと質問して具体的に話してもらおうとするのです。

②網羅　「ほかには？」「全部言えた？」

次に網羅の質問です。クライアントはすべてを話しているわけではありません。だから「ほかには？」と質問することで、まだ触れていなかったことを話すことになります。コーチングのどの局面でも、ほかには？　と質問することで、クライアントは言葉につまり、自分の内面を探索していきます。これも気づきを生むために役立つシンプルな質問です。

③目的　「どうして？」「何のため？」

次に目的の質問です。これは相手の目的を確認するために使います。相手が「感情（楽しい、腹立たしいなど)」「意志(〜をしたい、したくない)」「価値判断(〜が良い、悪い)」などを表す表現を使った時に「どうして?」と尋ねると効果的です。例えば「海に行きたい」と相手が言った時に「どうして?」と尋ねると「波の音を聴きながらのんびりしたいから」など、相手の目的が出てきますね。

④反芻　「言ってみてどう?」

そして反芻の質問です。相手が新しいことを口にしたり、話がひと段落した時に使ってみてください。「言ってみてどう?」という質問をされることで、ここまで言ったことを相手はもう一度振り返りながら、自分の内面が十分に表現ができていたか考える時間をもつのです。ここまでの質問すべてがそうなのですが、相手の話を聞きっぱなしにせず、「確認」を入れることで相手の探索が深まるのがイメージできるでしょうか?

⑤抽象化　「つまり?」「まとめると?」

話が長くなってきたり、まとまりがなくなってきたと感じたら、抽象化の質問(まとめの質問)を使ってみてください。「つまり?」などと投げかけることで、相手はこれまでの話を振り返り、要点をまとめようとします。このことによってそれまでの話のエッセンスが明らかになるのです。

⑥肯定形　「～の代わりに何？」「～でなく何？」

最後に肯定化の質問です。コーチングではクライアントに肯定形で話してもらいたいのです。否定形＝打ち消しの表現をされても、それは実際に何のことなのかわからないから確認するのです。実例で考えてみましょう。例えば「もうイライラしたくないんです」は否定形の表現です。欲しいのは「イライラ」でない、と表現しているからです。でもこれでは何が欲しいかわからないのです。「リラックスしたい」のか「楽しくいたい」のか「相手にズバッと言いたい」のか、さっぱりわかりません。だから「イライラする代わりにどうしたい？」などと質問し、何を望んでいるのか明らかにしたいのです。行動などについてもそうです。「もうスマホは見ません」とクライアントが言ったとしたら「スマホを見る代わりに何をするの？」と質問します。そうすると何をするのかをクライアントは自分の中に探しに行きます。

以上が確認の質問の代表選手です。なかでもまずは具体化の質問が大切なので、最初にこれを使う練習をしてください。

「あなたのことをより知りたいから」という気持ちを

これらの質問の使用例は、この本のコーチング事例の中にたくさん見つかるはずです。確認の質問を使うタイミングと効果を学ぶつもりで、コーチング事例を読むと理解が進むはずです。

また、確認の質問は、コーチング以外のコミュニケーションも大きく変えてくれます。これらを使って話を聴くことで、相手の話を正確に理解できます。相手にとっても、あなたが確認の質問をしてくれることで、自分が本当に何を話したかったのか理解を深めることができるのです。聞き上手は「確認の質問上手」でもあります。

確認の質問に限りませんが、相手に質問をすることを、話の腰を折るようで気まずいという方がいますが、相手の話を正確に理解しようと思ったら、確認の質問をしていくことは必須です。相手との信頼関係を大切にしながら「あなたのことをより知りたいから」という気持ちで問いかけてください。

❾ 相手を勇気づけるための関わりを続ける

勇気さえ持てたら、自分で夢を描き実現できる

アドラー心理学は勇気づけの心理学といわれます。僕も勇気づけこそが大切であり、極端な話、勇気づけがすべてだと思うくらいです。

どうしてでしょうか。私たちは「クライアントは自分の課題に自分で取り組み解決できる。自分らしい人生を自分で思い描き実現できる」と考えています。クライアントは勇気さえ持てたら、自分で夢を描き実現しようとするはずなのです。

共に自分軸で生きる

コーチである私たちは、まず自分を勇気づけ、自らの人生に取り組みます。その姿を見てクライアントも勇気を持つからです。そしてクライアントが自己実現できると信じ、クライアントのすでにできていることに着目します。そのことでクライアントが勇気を持つからです。

そして、クライアントの夢を熱心に聴きます。聴いていて気づいた素晴らしさをフィードバックします。そして、実現方法を考えることを手伝い、今ここからやり始められることを探そうとします。行動をとったら一緒に喜びます。思うような結果が出なくても、そこから学び、次の行動をとることを促します。クライアントが成長した点に気づいてフィードバックします。

これらは、すべてクライアントを勇気づけるための関わりです。

お互いに自分の人生を生き、応援し合い、必要に応じて助け合う。私たちはそんな仲間同士です。仲間であるクライアントが「自分で自分の人生をつくれる。そうやって生きていくことには価値がある」と実感できるよう、勇気づけを続けるのです。

⑩［コラム］人間の2種類の欲求「成長欲求」と「欠乏欲求」

「欲求階層説」から導き出せることは？

コーチは、クライアントの望んでいることを知りたがります。クライアントの望むものの実現を手助けしたいからです。実はクライアントの望んでいるものは大きく2種類にわかれます。これはロジャーズと共に人間性心理学をつくったアブラハム・マズローの考えです。

次頁の図は彼の「欲求階層説」を表したものです。下にある欲求ほど基本的なものだと考えてください。このピラミッドは大きく二つの部分にわかれています。成長欲求と欠乏欲求です。クライアントの望んでいるものは2種類にわかれるといったのはこのことです。

僕たちコーチは、クライアントに成長欲求を持って、人生を生きて欲しいと考えています。クライアントに自分の望む未来を実現し、自分らしく生きてもらいたい。自己実現を目指してもらいたい。そこに進んでいくのを手伝いたいと思っているわけです。

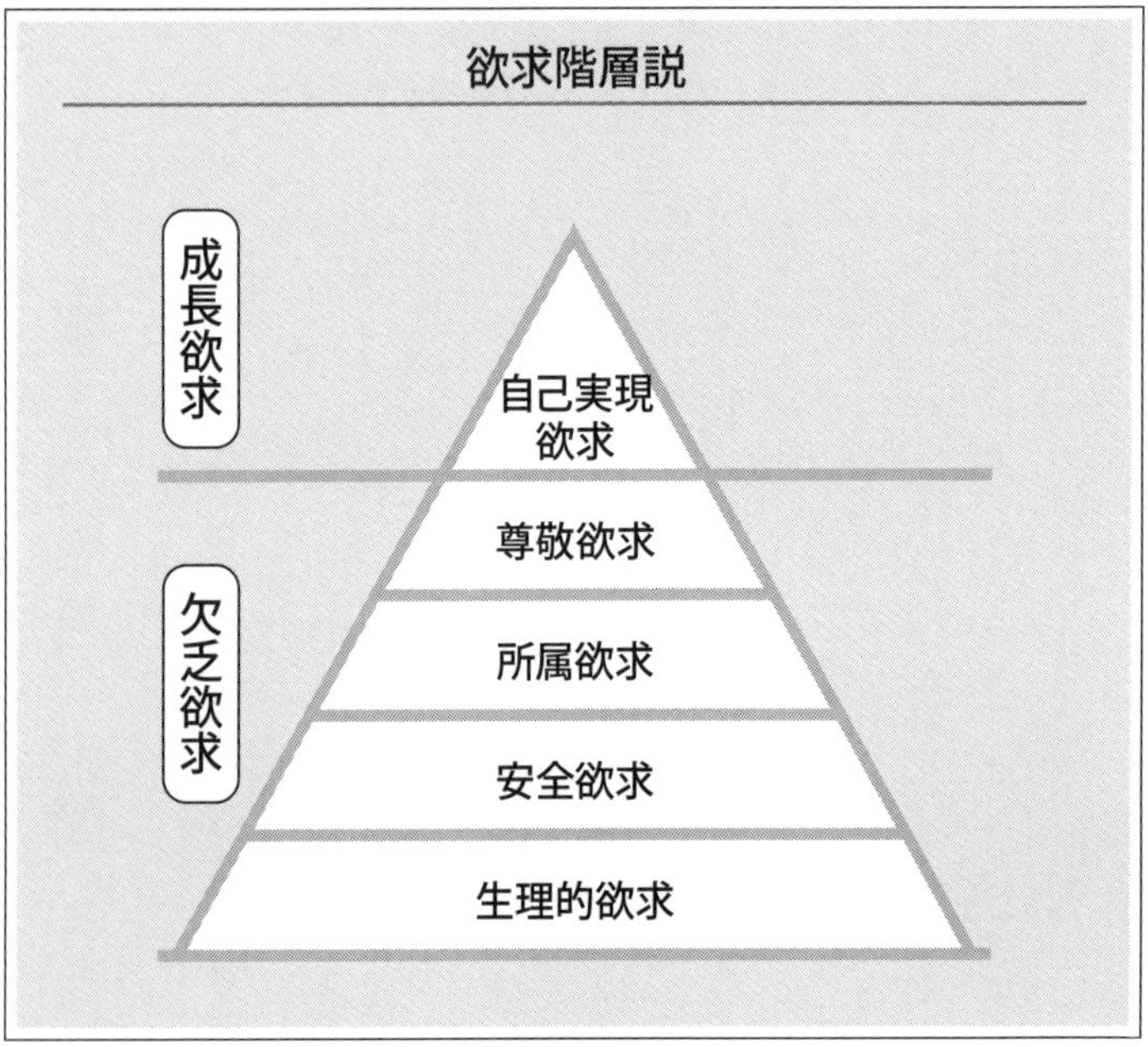

しかし、欠乏欲求が満たされない限りはそこには向かわない。というのがマズローの考え方なのです。欠乏欲求（ニーズ）とは何でしょうか。これは私たち人間のより基本的な欲求です。生理的欲求、安全欲求は、動物とも共通する欲求です。社会的存在としての人間はさらに、所属欲求（居場所を求める欲求）と尊敬欲求（敬意を払われる欲求）も持っています。

これらの基本的な欲求が満たされないと、まずはその欠乏（ニーズと呼ぶこともあります）から満たそうとするのです。それらが満たされた後に、より成長したい、自分らしい人生を実現したいというエネルギーが高まり、人は自己実現への道を進むのです

自己実現への取り組みが可能になる状態にすること

ですから、僕たちコーチは、クライアントの現状を理解しようとします。満たされていない欠乏欲求はないか。もし欠乏欲求があるなら、それをまずは満たして欲しいと考えるのです。

これはそれほど難しいことではありません。以下のことに関心を持ちながら、クライアントの話を聴いたらいいのです。

生理的欲求　「クライアントの身体はどんな状態だろう？　ケアやメンテナンスは必要かな？」

安全欲求　「クライアントは身体的、心理的に安全か？　どうしたら必要な安心安全を得られるか？」

所属欲求　「クライアントに自分の居場所があるか？　どうしたらしっかりと自分の居

場所を感じられるか？」

尊敬欲求

「クライアントは、敬意を払われているか？　クライアントは自身に対して敬意を払っているか？　必要なことがあるとすれば何か？」

そして欠乏欲求（ニーズ）の存在に気づいたら、クライアントにまずはそれを満たしてもらうことを考えるのです。

これらの欲求はどこまで満たせばいいのでしょうか。例えば身体のメンテナンスも、安心安全の追求も、どこまでもすることもできます。簡単な目安は、自己実現への取り組みが可能になるところまで目指す。ということです。

自分らしい人生を思い描き、その実現に向けて様々な行動を起こし、仮説検証を繰り返す。それに必要なエネルギーが出てくるところまで、自分の欠乏欲求（ニーズ）を満たせばいいと考えるのです。

第3章　コーチングの骨格を理解する

❶「時間」の使い方を意識する

効果を出すには「何を」「どの順番で」考えてもらうか？

次は、コーチングの時間をどう使うかということについて考えてみましょう。

前章では傾聴の大切さに触れましたが、コーチングでは、クライアントに、好きなことを好きなように話してもらうわけではありません。コーチングの目的は、クライアントが自分自身の本当の目的に気づき、それを実現するための行動のアイディアを持つことです。コーチである私たちは、そこに向かって、一緒に進んでいきたいのです。

『嫌われる勇気』でも紹介されていますが、アドラーがカウンセリングをするテーブルには三角柱が置かれていたという話があります。一面には「かわいそうな私」、次の面には

「悪いあの人」そしてもう一面には「私にできること」と書いてあったそうです。

「かわいそうな私」や「悪いあの人」の話をいくらしても、クライアントが主体的に自分の人生を生きていくことにはつながりません。だからアドラーはクライアントに「私にできること」を話してもらいたかったのです。そのため、いま自分が何を話しているのかクライアントに気づいてもらうために、三角柱を用意していたわけです。

コーチングでも同じです。これまで多くのコーチが、何を話すのに時間を使ったらいいのかを検討してきました。クライアントに何を、どの順番で考えてもらうのが、効果が出やすいかを考えてきたわけです。

第1部で紹介した「GROWモデル」も、そうして生まれました。GROWモデルはコーチングの時に、何をどの順番で話すかに関するモデルなのです。「ゴール」「現状」「選択肢」「意思決定」の四つの話題を順に話してもらうわけです。そしてGROWモデルの質問は、話題を切りかえていくために使われているのです。

❷ コーチングの「基本モデル」

全体像と五つのポイント

コーチングの進め方（モデル）は様々ありますが、この本では僕が「基本モデル」と呼んでいるものを紹介します。まずはこれを理解して、使ってみて欲しいのです。まず全体像とポイントを確認してみましょう。

①問題にこちらから深入りしない
②良い状態で理想を引き出す
③現実的なゴール（目標）と新しい行動を具体的に決めてもらう
④新しい行動をとれるよう勇気づける
⑤（必要なら）障害対策のプランを用意する

一つずつ解説していきます。

①問題にこちらから深入りしない

アドラー心理学では「原因論＝何が悪いか？」ではなく「目的論＝何を求めているか？」を考えるのが基本です。

クライアントは、何か現状を変えようとしてコーチに相談してくるものです。ですからクライアントは現状の問題点について話してくることがあります。コーチがそれを聴きすぎてしまうと、クライアントは延々と問題について話し続けることになります。

すると困ったことが二つ起きます。一つ目はクライアントの心理状態が悪くなってくることです。私たちは問題について考えていると、視野が狭まったり、思考が鈍ります。何か新しい行動を起こそうという勇気も削がれやすいです。こうなるとクライアントの能力が発揮されにくくなります。二つ目は、問題についていくら話してもらっても、相手が本当に望んでいるもの＝本当の目的は明らかにならないのです。ですから対症療法的に、改善案を考えるようなことになってしまいます。本当の目的に向かって生き、幸せになってもらうことが叶わないのです。

では、どうしたらいいのでしょうか。まずはクライアントからいま気になっていることや相談したいことについて聴いてください。何が気になっているのか、何について相談したいのか、それが理解できれば十分です。それ以上、何が原因だの、誰が悪いだの、問題に深入りする必要はありません。深入りすればするほど、先ほどの二つの困ったことが起きるからです。

②良い状態で「理想」を引き出す

クライアントの相談したい内容を確認できたら、次のステップに移ります。それは未来の理想の状態を聴くことです。「本当は何を望んでいる？」について聴くのです。クライアントの自分軸です。この時、コーチはクライアントの「心の状態」に意識を向けてください。クライアントが落ち込んでいる状態では、理想の未来をイメージしにくいです。深呼吸したり、伸びをしたり、笑えるような話をしたり、クライアントが気持ちを切りかえるのを手伝ってください。良い状態で理想の状態について話をしてもらいたいのです。

もう一点気をつけて欲しいことがあります。クライアントは理想についてではなく、「いまの問題が解決された状態」を語る傾向があるということです。例えば「チームの人間関係が悪い」という問題だと、「人間関係が良くなった未来」について語るようなことです。これはただ「現状の裏返し」を語っているだけです。コーチが聴きたいのは、その先で本当に望んでいることは何なのか？　なのです。

実際にはどうしたらいいのでしょうか。簡単なのは、こんなやり方です。

良い心の状態になってもらった上で、「いまの状態がどうなったらいいですか？」と、あえて「いまの問題が解決された状態」について話してもらうのです。そしてその状態を確認できたら「では、その先で、あなたが本当に望んでいるのは何ですか？」と質問をしてみるのです。このように2ステップで話してもらいながら、クライアントの理想の未来がどんなものかを探していくのです。

このやり方で理想の未来が出てこなければ、第1部でご紹介した過去のエピソードから価値観を発見するアプローチをとることなどもできます。

③現実的なゴール（目標）と新しい行動を具体的に決めてもらう

②で自分軸をおさえたら「GROWモデル」の出番です。ここからはGROWモデルの質問を使って進めていきます。最初にまず目指したいゴールを具体的に決めます。クライアントの状況に合わせてですが、確実に達成できそうなゴールを決めてもいいですし、チャレンジングなゴールにしてもかまいません。そしてゴールが描けたら「ゴールから現状を見てみる」のです。ゴールから現状を見ると、現状も違って見えます。意外とできていることがあるのに気がついたり、想定外の課題があることに気づいたりするのです。これらに気づいたら、ゴール達成のための行動の選択肢を増やしていきます。チャレンジングなゴールに向かう場合は「これまでと何を変えたら、このゴールが達成できるのか？」のような問いかけをしながら、効率的・効果的な行動パターンを探してください。そして、どんな行動からスタートするかを決めるのです。いずれにしても大切なのは具体的なゴールと具体的な行動を決めることです。

④新しい行動をとれるよう勇気づける

コーチングが終わった時、クライアントはどんな状態になっていたら良いのでしょうか。一つ目は「何のために、どのような行動をするかが明確になっている」ことです。二つ目はクライアントが「新しい行動をとれる心の状態になっている」ことです。もっと言えば、たとえ最初の行動が思い通りの結果にならなくても、早速次の行動を起こせるような心の状態になっていることです。

クライアントが行動を起こせるように言葉がけをしてください。これを勇気づけといいます。必要を感じたら、相手がこれまで「やってきたこと」や「できたこと」を思い出してもらうこともできます。相手の自己効力感を上げるのです。

クライアントが行動を起こしづらそうな時に、もう一つの大切なアプローチは、最初の行動を、もっと簡単な、小さなものにするのです。チャンクダウン（塊を小さくする）といいます。小さくて、すぐにできる行動から始めることで抵抗はなくなります。雪だるまをつくるイメージで、小さく始めて、だんだんと育てていくのを応援するのです。

その上で、可能なら、あらためて時間をとって、行動の結果どうなったかをヒアリングしてください。そして、そこから次にどんな行動をとったらいいかを考えたり、必要なら目標の見直しをしたりするのです。

⑤（必要なら）障害対策のプランを用意する

基本はここまでですが、大切なオプションがあります。それは「目標に向かう途中で発生しそうな障害」があるなら、あらかじめそれを見越して、障害が発生した場合の対策を用意しておくというものです。

GROWモデルでは、目標に向かうための新しい行動は用意できますが、途中に障害が起こった場合の対処法は用意できません。障害につかまって目標達成できないまま終わるのはもったいないので、障害が発生することが予想されるなら、その場合の対処法を決めておきましょう。

やることは簡単で「ゴールに向かう途中で起こりそうな障害にはどんなものがありますか？」「その障害が起こった場合には、どのような対応をすればいいでしょうか？」という質問をして、一緒に考えればいいのです。

その場で障害の良い対策案が見つからなかった場合は、「その障害が起こったら私に連絡してください。一緒に対策を考えましょう」と伝えれば、クライアントは一人で悩まずに済みます。あなたが対応できなさそうな場合は「その障害が起こったら、誰に相談するのがいいと思いますか？」の答えを一緒に探してください。

❸ 基本モデルを使用した事例　ゴルファーとスポンサー

なぜ企業重役との関係が悪化したのか？

それでは「基本モデル」を使ったコーチングを具体例でイメージしてみましょう。これは僕が実際に行ったものです。

あるプロゴルファーから人間関係に関する相談を受けました。普段とは違って、少し参っている様子でした。きくと「最近スポンサー企業の重役との関係が悪い。以前は良い関係だったのに、最近は会っても雰囲気も悪いし、嫌味なことを言ってくることもある。そのことが気になって肝心の試合にも悪影響が出ている。なぜこうなってしまったのか原因を突き止めたい」とのことでした。

コーチの関わり方

ここまで僕はリラックスして受容的に聴いています。わからないところがあれば「確認の質問」を投げかけますが、問題を深追いしません。誰が悪い、何が悪いの追及はしないのです。

その代わりに、ひと呼吸おいて少し明るい声で、質問しました。

「最初に教えて欲しいことがあります。あなたがゴルファーとして本当に実現したいことは何ですか？　夢のような話でもかまいません。あなたが本当に望んでいることが知りたいのです」

先ほどの「基本モデル」の解説では「いまの状態がどうなることを望んでいますか？」から「その先で、あなたが本当に望んでいることは何ですか？」の部分に相当します。僕がした質問でも同じような効果が出ることがわかると思います。明るい声で質問したのは、クライアントにも気持ちを切りかえてもらうためです。さて、ここからどのように展開したでしょうか。

僕が本気で知りたがっているのが彼に通じたのだと思います。彼は心のうちにあった、大きな夢をゆっくりと、少し興奮気味に語ってくれました。僕も彼に合わせてエネルギーをあげながら、その夢を徐々に具体化していきました。日本を飛び出して海外で一流の選手たちとしのぎを削り、そして後輩たちの力にもなっている素晴らしいビジョンでした。

その上で彼に問いかけました。「その夢を実現した自分を想像してみてください。その自分だったら、いまのあなたが取り組むべき課題は何だと言うでしょうね？」

ここでは「いまのあなたが取り組むべき課題」をきいていますが「まず目指したい目標」を知りたいのです。実際に行われたコーチングなので、相手の状態に合わせてアレンジしていますが、質問のコンセプトは「基本モデル」としてご紹介したものと一緒です。

この質問には様々な答えがあります。「これを機に新しいスポンサーを見つける」「メンタルを鍛えるチャンスとして活用し、何があっても試合に集中できる自分になる」「対人関係より、スキルアップの目標を明確にして効率的に練習する」などです。本来の目的の達成から考えたら、必ずしも現スポンサーとの関係修復が課題なわけではないのです。現状の改善としての目標をつくるのではなく、本当の目的から目標をつくるのです。

「本来の目的」を確認する

このケースで僕は、人間関係の改善のために努力をすることを否定しているわけではありません。まずは本当の目的を確認し、それを実現するための課題に取り組むことこそが、幸せに近づけてくれるという考えでコーチングしているのです。

「目的論」の考え方はこうでした。私たちは本来の目的でないことを、無意識的に目的としてしまっていることがある。だからいま自分が何を目的として行動しているのかに気づこう。そして本当の目的が何であるかを明らかにしてから、何にどう取り組むかを考えよう。

プロゴルファーの彼の場合は、人間関係を元に戻すことを目的としてしまっていたのです。それが本来の目的ならかまいませんが、違うのなら、本来の目的に照らして、それに役立つことに時間やエネルギーを投下したほうがいいはずです。

さて実際のセッションはどうなったでしょうか。

未来の自分からのメッセージは、
「元の関係に戻るかどうかはどちらでもいい。相手が何を伝えたいのかしっかりと理解した上で、関係をどうしたいのか決めることが大切」というものでした。

僕は「どうしてそれが大切なの？」と質問しました。彼は「表面的に仲良くすることは得意でやってきたが、相手の本当の気持ちや考えを考えてきたわけではない。これから先は、もっと人に助けてもらわなければ進めない道だから、相手の考えを理解することが大切。その上で、協力してもらうか、距離をとるか決めるのがいい」と答えます。

次の「では何を目指しますか？」の質問には「お互いの気持ちをしっかりと話して、今後どうしていくのがいいかが決まっている状態を目指します」の答えでした。

ここまできたら、しめたものです。あとはそこに向けてどのようなやり方があるか、選択肢を広げ、何から始めるか決め、新しい行動を勇気づけるのです。

実例なので、「基本モデル」と少し異なる部分はありますが、コンセプトは同じです。実際のコーチングの流れをイメージできたでしょうか。

❹ 質問の「幹」と「流れ」をイメージする

コーチングの「幹」となる質問とは？

あらためて、「基本モデル」の「幹」となる質問をおさえましょう。これらの質問によって話してもらう内容順に切りかえていくのです。

コーチングのテーマの確認
「今回は何について話したいですか？（相談したいですか？　考えたいですか？）」

いまの問題が解決した状態を思い描く
「いまの状態がどうなることを望んでいますか？（どうなったらいいですか？）」

理想の状態（自分軸）を思い描く
「その先であなたが本当に望んでいるのは何ですか？（どうなりたいですか？）」

目指すゴール

「では、まずはどうなることを目指すのがよいですか？（まず目標にするとよいのは？）」

現状（できていること）の確認

「ゴール達成に向けて、すでにできていることは何ですか？」

現状（課題）の確認

「ゴールと現状の間にはどんなギャップがありますか？」

選択肢を広げる

「ゴール達成に向けて何ができますか？」「ほかには？」

最初の行動の決定

「具体的には、まず何から始めますか？」

（必要を感じたら）障害の特定
「ゴールに向かう途中で起こりそうな障害にはどんなものがありますか？」

対策の決定
「その障害が起こった場合には、どのような対応をすればいいでしょうか？」

（可能であれば）行動をとった後の振り返り
「実際にどんなことをしてみましたか？」

結果の確認
「行動したことで何が起こりましたか？」

次の行動の決定
「それでは次はどんなことをしてみますか？」

「幹」を足場に「流れ」をつくる

このような質問を幹として、コーチングの流れをつくってください。あとはクライアントの答えをよく聴きながら「確認の質問」を使って、話を具体化したり（「〜っていうのは？」）、広げたり（「ほかには？」）、まとめたり（「つまり？」）すればいいのです。

ベースとなるアドラー心理学の考えを理解したら、ロジャーズが教えてくれた態度「中核3条件」を大切に相手と関わります。あとは「基本モデルの幹となる質問」に「確認の質問」を組み合わせるのです。そしてクライアントが行動を起こせるように勇気づけをする。そして行動の結果から学習し、次の行動へとつなげます。このようにコーチングを理解して欲しいのです。

❺ 効果の出る「ゴール設定」の条件とは？

「目的（自分軸）に基づいている」「具体的である」ことが不可欠

「基本モデル」は「ＧＲＯＷモデル」の応用なので、同じようにゴール設定をします。

ゴール設定はコーチングの中でも重要な部分なので、もう少し解説を加えておきます。

ゴールをつくる上で私たちが重要視しているのは「目的（自分軸）に基づいているか？」「具体的である（どんな状態を望んでいるのかが明確である）か？」ということです。

目的の重要性はよくわかると思いますが、具体化はなぜ重要なのでしょうか。ゴールを具体化することで、行動も具体化されます。逆に、抽象的で曖昧なゴールに対しては、どんな行動を起こしたらいいかわからないのです。

例えば「プロコーチになる」という目標よりも「〇月×日には10人の継続クライアントがいる。30歳前後の会社員がメインで、今後のキャリアに関する相談を受けている」などのように、少しでも具体化を進めるのです。そうすると何をどれだけしたらよさそうか、行動も明らかになりますね。

またゴールが具体的になっていると、ゴールにどれだけ近づいたかもわかりやすくなります。数値化をすることも同様です。金額、人数、量、回数、割合、など可能な限りゴール状態を数値化することで、行動計画を立てやすくなりますし、進捗がわかりやすいので、改善計画が立てやすくなるのです。

「SMARTゴール」を目指す

良いゴールの条件はほかにもあるでしょうか。僕たちコーチがよく使うのは次の「SMARTゴール」です。

Specific　具体的である
Measurable　数値化されている
Achievable　達成の可能性がある
Relevant　目的と関連している
Timed　期限が決まっている

ゴール設定の際にはこの項目をチェックしてください。これだけで格段にコーチングの結果が出やすくなります。

一点気をつけて欲しいのが、Aの「達成の可能性がある」という条件です。確かに達成の可能性がまるでないゴール設定ではクライアントは動きません。しかし「達成の可能性があるか」どうかは実はよくわからないのです。なぜかといえば、世の中には、まだクライアントが気づいていない様々なやり方があるのです。ですから達成のための具体的な方法は思いついていなくて良いのです。何らか達成の可能性があると感じられるかどうか、が大切なのです。

このSMARTゴールの考え方をどのようにコーチングに活用したらいいでしょうか。「基本モデル」でクライアントにゴールを質問した後に、例えば以下のような質問を加えてください。

S「具体的にどんなことが起こっていたらいいですか？」
M「数値で表せるものは？」
A「このゴールはどのようにしたら達成できるだろう？」
R「ゴール達成の先にある大目的は何？」
T「まずはいつまでにどうなることを目指す？」

❻「ゴール設定」前後のやりとり

コーチングモデルの「幹」となる質問に組み合せていく

実例を見てみましょう。第1部でも取り上げた、僕が最初に受けたコーチングの「ゴール設定」に関する部分です。今回は「確認の質問」と共に「SMARTゴール」をつくるための質問も使われているバージョンです。これも実際のやりとりをイメージしながら読んでみてください。

Co「**具体的にどんな状態を目指したいか教えてくれますか？（S）**」

Cl「うーん。まずはメンバーともう少し仲良くならないと」

Co「もう少し仲良くなるっていうのは？」

Cl「そうですね。話し合いができるというか、話をきいてもらえるというか」

Co「まずは話ができる関係をつくりたい、ということですか？」

Cl「はい。いずれはコーチングとかできて、みんなで夢を語り合ったりしたいですけど、とにかく話をきいてもらえないままでは困るので……」

Co「なるほど。きいてもらえないままの代わりにどうなったらいいですか？」
Cl「それぞれの仕事の状況とか課題が共有できたりでしょうか」
Co「状況や課題の共有ですね。どんなイメージか、もう少し教えてください」
Cl「はい。朝礼やミーティングなどで、みんなが自発的に自分の現状を報告してくれたり、気がかりなことや課題を積極的に話してくれたりするといいですね」
Co「いいですね。ほかにはありますか？」
Cl「そうですね。さらに課題に対してのアイデアも出せたりするといいですね」
Co「なるほど。ほかにはどうでしょう？」
Cl「うーん。そうですね。雑談というか、普通の話に僕も混ざりたいですね」
Co「普通の話に混ざりたい、どうしてでしょう？」
Cl「そうですね、やっぱり楽しく仕事をしたいし、仲間という感じが欲しいので」
Co「なるほど！　では雑談など普通の話もできているというのは大切ですね」
Cl「はい。そう思います。」
Co「ここまで話してみてどうですか？」
Cl「はい。まずはお互いの状況は、普通に共有できることが大切ですね。その上で、少しは雑談なんかもできる関係になっていたら嬉しいです」
Co「いいですね。では、あらためてうかがいます。まずは、いつまでにどうなることを目指しますか？（T）」

Cl「そうですね。1ヶ月後には、僕がみんなの状態がわかっていること。あとは、朝礼などでみんなが今日のゴールやいまの課題を自主的に話してくれるようになると嬉しいです」

Co「ほかにもありませんか？」

Cl「……………………」

Co「そうですね。一緒にお昼を食べにいって、仕事以外の話も少しはできたらいいなと思います」

Cl「目標の中で数値化できそうなものは何でしょうか？（M）」

Co「そうですね。メンバー全員から1回以上は一対一で現状について話をききます」

Cl「それらは、何があったら実現が可能だと思いますか？（A）」

Co「うーん……僕自身が良い状態であること。あとはみんなへの感謝をしっかり伝えていくなどして、少しずつでも信頼関係をつくっていくことが大切だと思います」

Cl「なるほど！　では先ほど話してくれたことを目標にするのでいいですか？」

Co「はい」

Cl「あらためて質問ですが、この目標に取り組むのは何のためですか？（R）」

Co「そうですね。みんなが笑顔でクリエイティブな仕事ができるチームへの第一歩になると思うからです。だからまずは信頼関係をつくるところから始めたいです」

いかがでしょうか。「ＳＭＡＲＴゴール」をつくるための質問は太字で表してあります。傍点をふった質問は「確認の質問」です。

コーチはこのように質問を組み合わせていきます。そしてクライアントが自分のペースで話せるように、受容的な傾聴の態度を持ち続けることも大切です。

話がズレたら「幹」に戻る

コーチングを始めて間もないうちは、思いつきでいろいろな質問を使わないほうがいいでしょう。質問は方向指示器の機能があるので、あなたの質問によって、クライアントの意識はあっちに行ったりこっちに行ったりして、話がまとまりづらくなります。

「基本モデル」の幹となる質問で大きな流れをつくり、傾聴と「確認の質問」で相手の話を深めていく。話がズレたと感じたら、幹となる質問に戻る。まずはそれを確実にやれるように練習するのがおすすめです。

❼「質問」だけではないコーチの関わり

「アイディア出し」と「提案」

コーチングで使う「質問」についての考え方をご紹介してきました。コーチングには質問以外に様々なスキルがあります。ここでは「アイディア出し」「提案」「リクエスト」を紹介します。

「アイディア出し」と「提案」は、クライアントが答えを出せない時に、コーチも一緒にアイディアを出したり、コーチから提案したりすることです。コーチングでは基本的にクライアントに考えてもらい、クライアントに答えを出してもらいますが、コーチが提案をしてはいけないわけではありません。

「アイディア出し」や「提案」はコーチからクライアントへの刺激だと考えてみてください。コーチのアイディアが呼び水となって、クライアントのアイディアを刺激するのです。

「アイディア出し」や「提案」をする際の基本ルールは「クライアントの後に」「質問を

使って」です。

まずはクライアントのアイディアを聞くことを優先してください。そしてクライアントから答えが出なかった場合に、「〜などはどう思いますか？」「〜をしたらどうなりそうですか？」などと質問の形でアイディアを出してみるのです。そうするとクライアントはコーチのアイディアを用いて、自分で考えることができます。

「リクエスト」

「リクエスト」は「〜を目指してもらいたい。なぜなら〜」「〜をしてみてもらいたい。なぜなら〜」などとクライアントにリクエストするというものです。クライアントにぜひ試してもらいたいことがあれば、その理由と共に伝えるのもコーチができることの一つです。

「アイディア出し」「提案」「リクエスト」に共通して気をつけて欲しいことは、採用するかどうかはクライアントの自由だということです。あくまでもコーチからクライアントへの刺激なのです。

❽ 自分軸が明確にならない場合　二つの指針

この本でおすすめしている「基本モデル」では、目標設定の前に、未来の理想の姿を明らかにしてもらっています。クライアントの自分軸をおさえてから、目標設定をするのです。では理想の未来をクライアントがうまくイメージできない場合はどうしたらいいでしょうか。まずは二つの指針を覚えておいてください。

制約を外して、未来を考える

一つ目は「制約を外して、未来を考える」ことです。理想を思い描けと言われても、現実の制約を感じてしまうとイメージが難しくなりますね。ですから「できるかどうかは、考えず、理想の状態を教えてもらいたいのです」などと伝えて、自由にイメージしてもらえるように働きかけるのです。理想をイメージすることは、目標設定とは違います。実現不可能でかまわないので、理想を語ってもらう中から、クライアントが大切にしたいことへの理解を深めたいのです。あとは「例えばでいいので」という問いかけも有効です。未来のビジョンを明確に語れと言われても難しいですね。第1部で紹介した竹ぼうきの図を

エピソードとエッセンスのマトリクス

	過去	現在	未来
エッセンス			
エピソード			

思い出してもらいたいのですが、未来には様々な可能性があります。その中から良さそうなものを「例えば」でいいので話してもらうのです。ぜひこのようなイメージで関わってみてください。

過去の出来事を振り返り、自己理解を深める

二つ目はこれも第1部で紹介したエピソードとエッセンスのマトリクスを思い出すことです。

未来を描きにくかったら、いったん過去に戻って、過去から学ぶのです。過去の出来事を振り返り、自己理解を深めるのです。

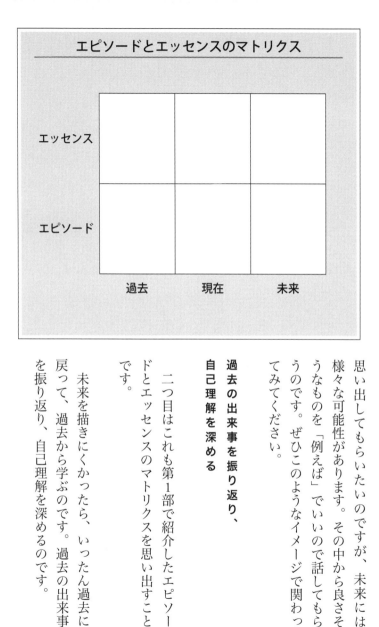

エピソードとエッセンスのマトリクスは、そのことを助けてくれるツールです。

過去のエピソード（出来事）からどう生きると幸せか知り
現在のエピソード（現状）からいまの自分が何に向かっているかを知り
未来のエピソード（ビジョン）と、今後、大切にしたい価値観を明らかにするのです。

第1部の僕の「高校の文化祭」の事例のように、感情を伴う過去のエピソードを、あらためて具体的に思い出すことで、その出来事の中で、自己理解を深めることができます。

自己理解を深める質問の例は以下の通りです。

過去のエピソード　「これまで充実感（幸福感、ワクワク感）を感じたのはどんな時ですか？」
過去のエッセンス　「何があったから充実感を感じたのでしょう？」「あなたが人生で大切にしたいことは何でしょう？」
未来のエピソード　「何でも叶うという前提なら、将来どんなことが実現していたら最高ですか？」

未来のエッセンス　「あなたがこれから本当に大切にしたいことは何ですか？」

このような質問を幹として流れをつくりながら、傾聴と「確認の質問」で深めていくのです。

より簡単にやりたい場合は、第1部で紹介した価値観リストを一緒に見ながら、これから大切にしていきたいものを明らかにして、その後にあらためて目標設定に移るという方法もあります。

⑨ コーチの観察ポイント

勇気のスケーリング

ここまで「基本モデル」を幹として傾聴、そして「確認の質問」を使ってコーチングをしていく考え方をご紹介しました。そして、そのプロセスを支えているのは、コーチの態度（受容、共感的理解、自己一致）と、お互いの信頼関係であることもお伝えしました。

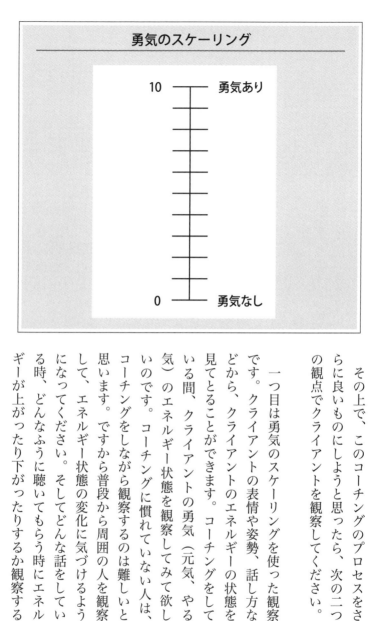

勇気のスケーリング

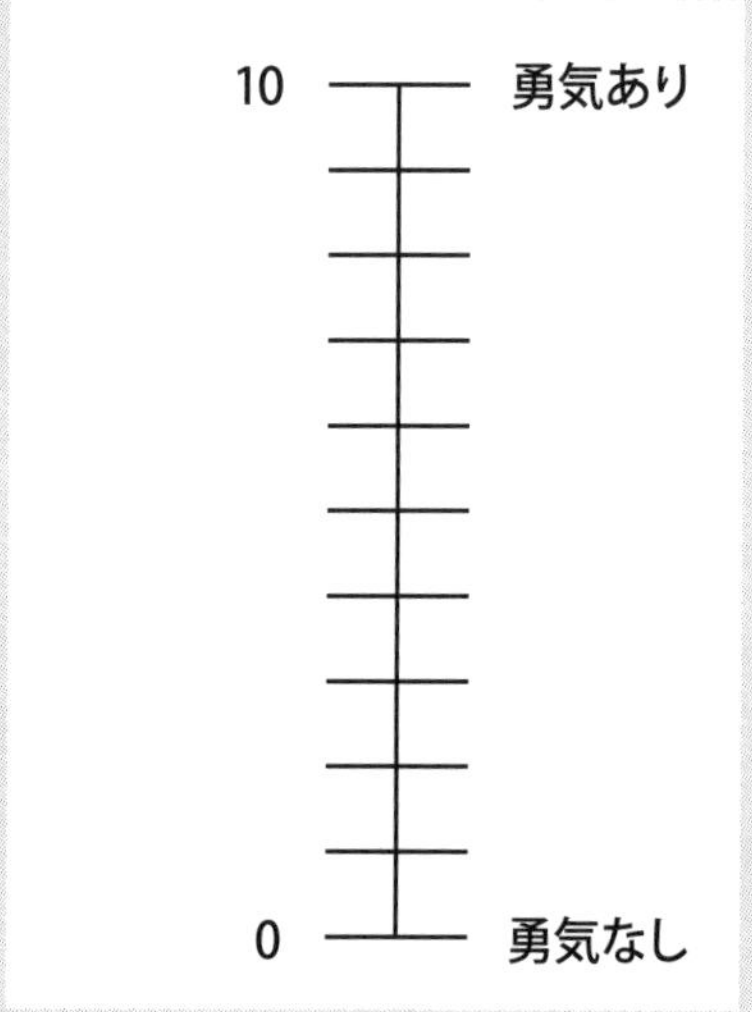

その上で、このコーチングのプロセスをさらに良いものにしようと思ったら、次の二つの観点でクライアントを観察してください。

一つ目は勇気のスケーリングを使った観察です。クライアントの表情や姿勢、話し方などから、クライアントのエネルギーの状態を見てとることができます。コーチングをしている間、クライアントの勇気（元気、やる気）のエネルギー状態を観察してみて欲しいのです。コーチングに慣れていない人は、コーチングをしながら観察するのは難しいと思います。ですから普段から周囲の人を観察して、エネルギー状態の変化に気づけるようになってください。そしてどんな話をしている時、どんなふうに聴いてもらう時にエネルギーが上がったり下がったりするか観察することに慣れてください。

これができるようになると、クライアントが良い状態でいられるようにサポートできるようになります。クライアントのエネルギーが低かったら、質問を変えたり、聴き方を変えたらいいのです。

どうしてクライアントのエネルギーが大切なのでしょうか。コーチはクライアントに基本的に良い状態でいて欲しいのです。良いエネルギーの時に、明るい未来を思い描きやすいし、クリエイティブなアイディアも出やすいからです。そして、行動も起こしやすいし、その結果がなんであれ前向きに捉えて、次につなげやすいのです。

ですから、コーチはコーチングの最中も、コーチング後もクライアントに良い状態でいて欲しいと願っています。そのためには、まずクライアントのエネルギー状態に気づき、良い状態になるための関わりができるようになりたいのです。この練習をしていると、あなたの周りの人たちがどんどん元気になってきます。そうなればしめたものです。

これはクライアントに辛いことがあってもハイテンションでいて欲しいという話ではあ

りません。落ち込んだりイライラしたりする時があってもいいのです。ただどこかで気持ちを切りかえて、よいエネルギーとつながれば、解決策を思いついたり、望んでいる状態に向けて、前向きな行動をとったりしやすいのです。

クライアントの話し方を観る――報告か、探索か？

二つ目の観察ポイントは第2章でも紹介した「クライアントの話し方」です。クライアントの話し方をまずは大きく二つに分けて聴き取れるようになってください。それが「報告」と「探索」です。

報告とは、すでにわかっていることやいつも話していることなどをペラペラと話している状態です。コーチに質問されたクライアントがすぐに、流れるように答え始めた時は、クライアントは報告モードにいます。

次に探索的な話し方です。探索的な話し方とは文字通り、自分の内面を探り、確かめながら話す話し方です。「あー」とか「うーん」などと言ったり、言いよどんだり、言い換えたりしながら話す話し方で、報告に比べるとゆっくり話すことが多いと思います。

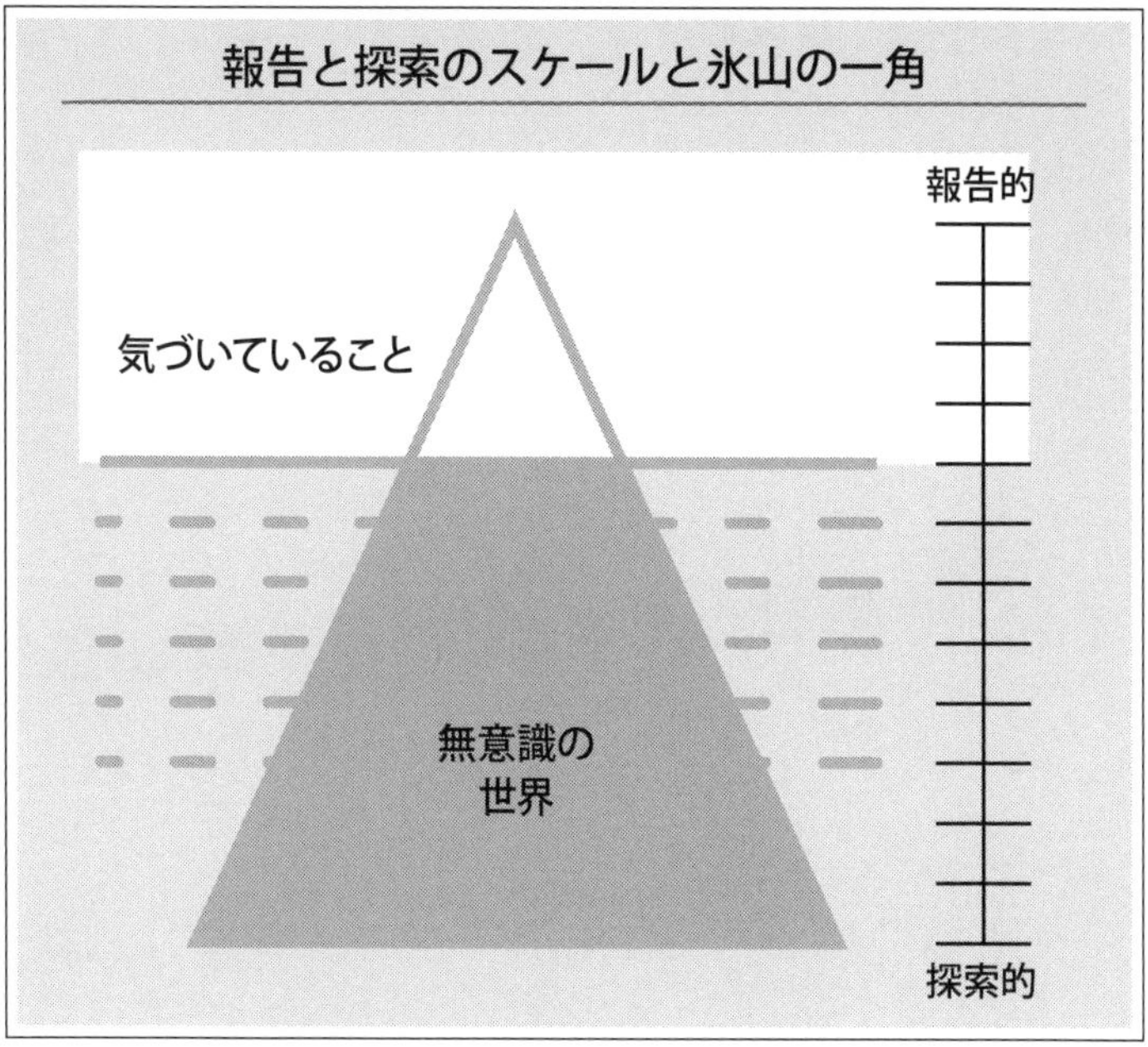

まずはこの二つの違いを理解したら、図のようにメモリをイメージして、「いま、少しだけ探索的になったぞ！」「あ、すごく報告的になった」などとリアルタイムで変化を感じとる練習をして欲しいのです。

この聴き分けが必要なのは、クライアントは探索モードでいる時に、発見や気づきが起こるからです。クライアントが報告的に話せる内容は、すでに意識できていることです。すでに意識できていることを話しているだけでは、新しい気づきはなく、変化も起こりません。だからコーチは報告を受けているだけではダメなのです。いくら質問しても、その答えが報告的ならクライアントが変化するような結果にはならないのです。

クライアントが報告的なモードの時は、まずはコーチが少し落ち着いてください。コーチが焦ってしまうと、クライアントも焦ります。ゆったりとかまえて、相手のことをもっと知りたいと思いながら「確認の質問」を投げかけるのです。「〜についてもう少し教えて」「〜っていうのは?」「〜って例えば?」や「ほかには?」が便利でしょう。これらの質問を投げかけるうちに、クライアントの意識は普段よりも深い部分に向いていき、クライアントの話し方も次第に探索的になっていくでしょう。

前にも触れたように、クライアントの沈黙の時間は大切にしてください。一般的なコミュニケーションでは沈黙は気まずいものかもしれませんが、コーチングでは沈黙は歓迎なのです。クライアントが沈黙している際は、相手の探索を邪魔せずに待っていてください。もちろん、信頼関係の不足からクライアントが黙り込んでいる時や、何を話したらいいかわからなくて途方に暮れている時などはこの限りではありません。

⑩ コーチングの「スキル」より大切なこと

相手の可能性を開花させるために

この章では「質問」を中心にコーチングの中で使われるスキルを紹介してきました。しかし大切なのはスキルを正しく使う、ということではありません。あくまでもスキルはスキルです。それよりも大切なのは、コーチングのゴール、コーチングが目指しているものが実現することです。

コーチングのゴールは、クライアントが、新しい未来に向けてスタートするための準備ができることです。クライアントが良い状態になり、何をしたらいいかが明確になって、新しい行動が開始できることです。

そのことを忘れないでください。そのために、コーチングの時間中、クライアントに勇気づけの姿勢で関わってください。クライアントに「あなたといると自分が好きになる」「何でもできるような気持ちになる」と言われるような関わりを探求してみてください。

そして「この人らしさは何か」「この人が求めているものは何か」「この人が自分らしく生きるのに役立つものは何か」「この人にできることは何か」など、相手に関心を持ち続けてください。

あなたの関心がクライアントの可能性を開花させ、コーチング後の日常を変化させるきっかけとなるのです。

結果から学び、成長を手助けする方法

そして、実はコーチングの後が大切です。コーチングの後は、行動の結果検証とそこからの学習成長をサポートしてください。

そのために以下の四つの質問と三つのフィードバックを活用してください。

行動「具体的にいつ、何をやってみましたか？」
結果「その結果、何が起きましたか？」
学習「このことから何を学びましたか？」
予測「次は何をやりますか？　それをやったらどうなると思いますか？」

この質問の答えを傾聴し、役に立ちそうな「確認の質問」をしてみてください。これだ

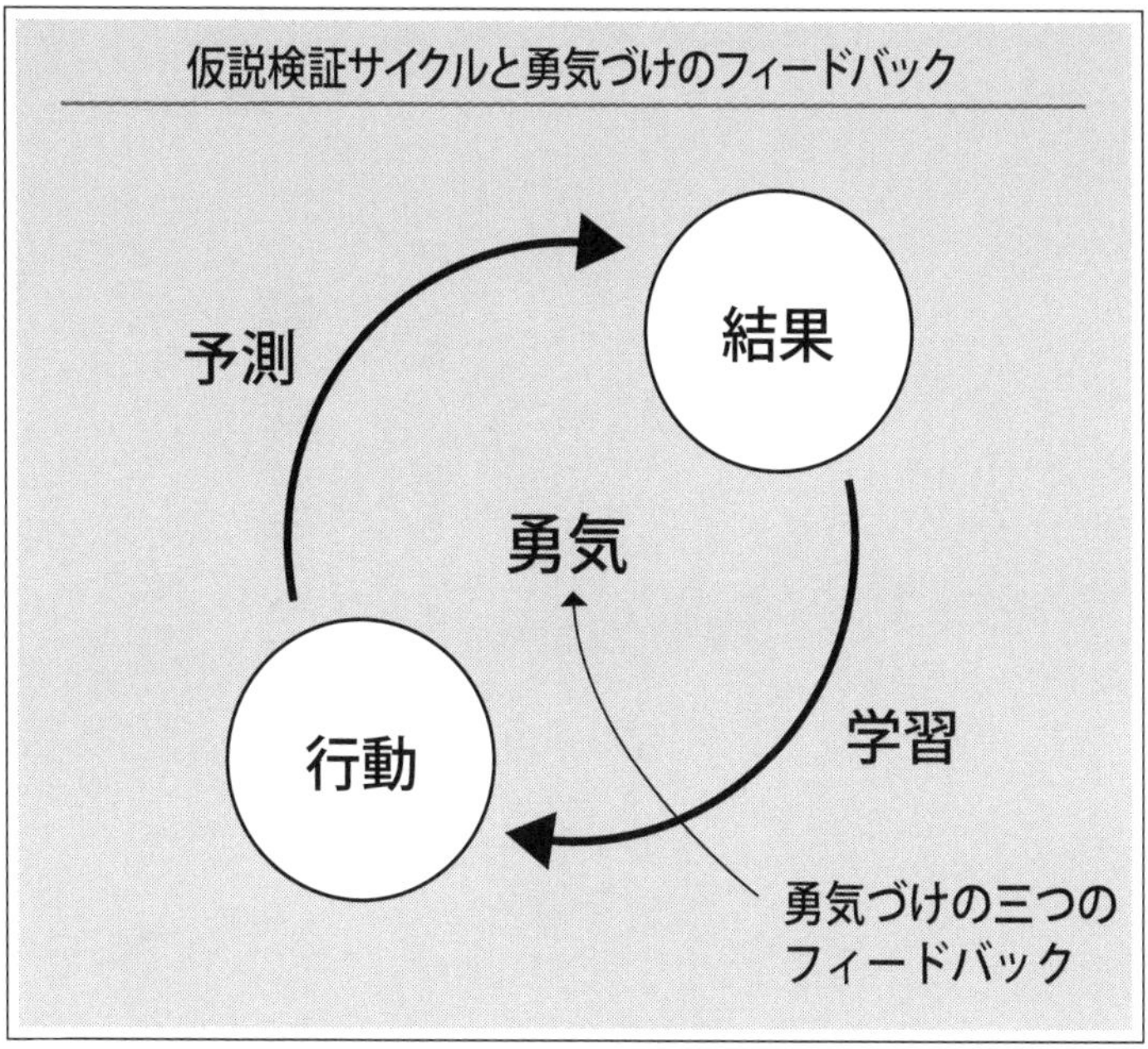

けでクライアントがさらにゴールに向かって進んでいくのを手伝うことができます。

そして勇気づけのフィードバックです。

自分のできていない部分にばかり意識したり、よくできている人と比較したりするとだんだんと勇気が挫かれてきます。そこでコーチは以下の観点で観察をして、その結果をクライアントにフィードバックします。

①結果でなく「プロセス」。取り組み方やその工夫について気づいたことを伝えます。

②他者との比較でなく「成長」。クライアントの成長した部分に気づいて伝えます。

③できていない部分でなく「できている部分」。ゴールに向かってすでにできていること、うまくやっていることに着目して伝

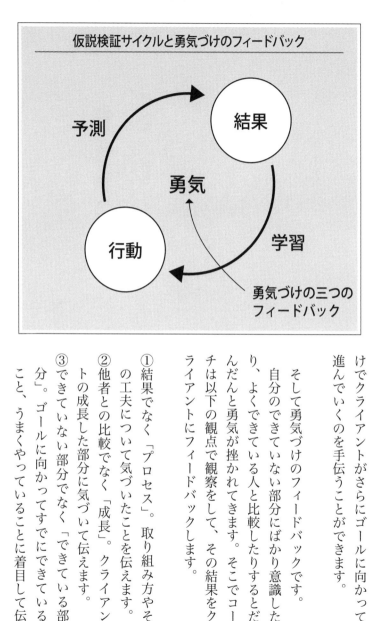

えます。

これらのフィードバックにより、クライアントは勇気を得て行動を続けるのです。

⓫ 【コラム】「プロブレムフリー」な時間を

「犯人探し」がもたらすマイナス

相談の場に何か「問題」が持ち込まれると、私たちは途端に問題解決をしたくなってしまう傾向があります。そしてアドラー心理学では「原因論」と呼びますが、何が悪かったのか？　誰が悪かったのか？　など原因探し、犯人探しをして、見つかった原因を取り除こうとするアプローチをとりやすいのです。

アドラーは相手が「機械」であるなら、原因を見つけて取り除くのもいいが、人間にはそのやり方は向かないと言います。

理由は三つです。

原因が特定しにくい

人間関係は複雑です。何がどう影響しているか本当のところはわかりません。そもそも私たちは自分が何をしているか、すべて意識的に理解しているわけではありません。ですから原因を探そうとしても、特定できずその努力が虚しく終わることも多いのです。

原因を探すと気分が悪くなる

原因探しをすると、自分や他人が悪者になることが多いです。自分を責めると、気分が悪くなったり落ち込んだりします。他人を責めたら、お互いに気分が悪くなったり、関係が悪くなったりします。気分が悪くなるとクリエイティブな発想や前向きな行動が生まれにくくなります。関係が悪くなると、協力しながら前進していくことが難しくなります。これも原因探しのデメリットです。

本当の目的が叶うとは限らない

ゴルファーの事例を思い出してください。人間関係を元に戻しても、必ずしも自分の夢が叶うわけではありませんでした。場合によっては関係解消したほうが、自分の夢が叶うこともあるのです。ですから、本当の目的に基づいて、どんな行動をしたらいいかを考えたほうが良いと思うのです。この立場が「目的論」です。

これらの理由から、原因論でのアプローチはもったいないと僕らは考えています。問題が持ち込まれても、クライアントの本来の目的をおさえた上で、「ＧＲＯＷモデル」を使って関わればいいのです。

コーチングは、できるだけ「プロブレムフリーな時間」にしましょう。クライアントは問題を考えていると、気分が落ち込んだり、視野が狭くなったりしがちです。クライアントが問題の概要を話してくれたら、それ以上は問題を深追いせずに、本当に欲しいものとそのためにできることを検討するために時間を使いましょう。それが「プロブレムフリー（問題から自由）な時間」です。

第４章　自己実現と社会貢献の接点を探る

❶ 転職したいと打ち明けるメンバーを前に

「本当はどうしたいの？」と問い続けていたら……

これは僕が会社でコーチングを実践し始めた頃の話です。チームメンバーとの人間関係も良くなり、コーチングを受けてもらえるようになってきました。まだまだ見様見真似の状態だったけれど、本で学んだだけの頃とは、何かが違っていました。相手は何が好きなのか？　どんな仕事ができたら最高に嬉しいのか？　そのことを本当に知りたいと思えていたからだと思います。

メンバーには「本当はどうしたいの？　どうなったら最高？」と問い続けていました。いまの会社のことは前提にしなくていいから本当にやりたいことをきかせて欲しいとみんなに言い続けていたのです。それぞれのタイミングで、メンバーたちは未来を語ってくれました。

ある日、重い口をやっと開いてくれたメンバーがいました。「本当はここを辞めて転職したいんですよ」。びっくりしたけれど、嬉しかったのを憶えています。こんなに言いづらいことを言ってくれる関係になれたんだ、と思えたからです。僕は「そうなんだ！転職したい先は決まってるの？」と明るい声のまま、何の躊躇もなく質問していました。「いや、具体的には決めてないけど、コンサルタントになりたくて、実は夜、学びに行ってるんです」と彼。「そっか。どうしてコンサルタントになりたいと思ったの？」「憧れのコンサルタントがいて、最初に彼の本を読んだ時に、こんなふうになりたいと思ったんです」

「そっか。その人のどんなところに惹かれたんだろうね？」僕は彼の価値観や理想の姿が知りたいと思いました。だから質問が自然と出てきました。彼は「うーん。そうですね。難しい状況に直面しても、スッと解決策が提案できるし、それでお客さんが変わるんですよ。そういうところを見て、本当のプロだなと思って」と元気な学生が夢を語るみたいな表情で答えてくれました。

夢を実現するために、この会社でできることがあるとしたら？

彼は顧客の要望に応えたいんだ。もっと言えば、顧客の期待を超えたソリューションを、自らの経験や創造性から生み出したいんだ。コンサルになりたいというのはその目的の「一例」にすぎない。僕はそんなふうに話を聴けるようになっていました。

だから「すごいね。そんなスーパーコンサルタントに、どれくらい先になれてたらいいと思う？」と質問して、その答えを聞いた上で「その夢を実現するために、この会社でできることがあるとしたら何だろう？」と問いかけました。

何を大切にしたいのか。どうなりたいのか。それに気づいたら、今ここでもできることがある。逆に言えば、いまどんな場所にいるとしても、そこからスタートして、どんな自分にでもなれる。僕はそう信じられるようになっていました。

しばらくの間沈黙がありました。

ここでできることが何もないなら転職したほうがいい。でもここにも夢へ向かう第一歩があるんじゃないかな。そんな気持ちで僕は答えを待っていました。彼は、僕にしっかりと目を向けて「確かにありますね。なんでそう考えてこなかったんだろう」と言いました。

別にこれまでの彼の担当業務を続けるのでよかったのです。ただ、もっとお客さんの状況を理解しようと話を聴き、相手がまだ明確にできていないニーズに気づいて、それに関する提案をする。そのために彼は仕事のスタイルを変えました。自社で提供できるサービスについても、もっと深く理解するための勉強を始めました。

その後、彼は顧客満足度向上に関して評価され、社内で勉強会をやって欲しいと言われるようになっていました。憧れのコンサルの仕事にまた少し近づいたのです。数年後、彼は満を持して転職をしました。優秀な彼の転職は痛手だったけれど、その間それを補って余りある活躍があったし、しっかりとした仕組みを引き継いでくれました。

❷「自分軸」から「共有ゾーン」に至る

自分軸を大切にしたゴール設定の次に来るもの

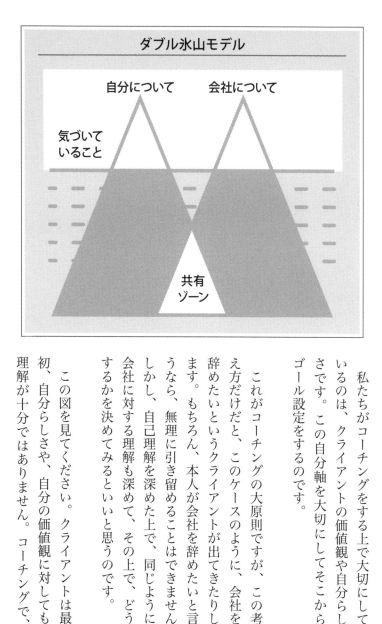

ダブル氷山モデル

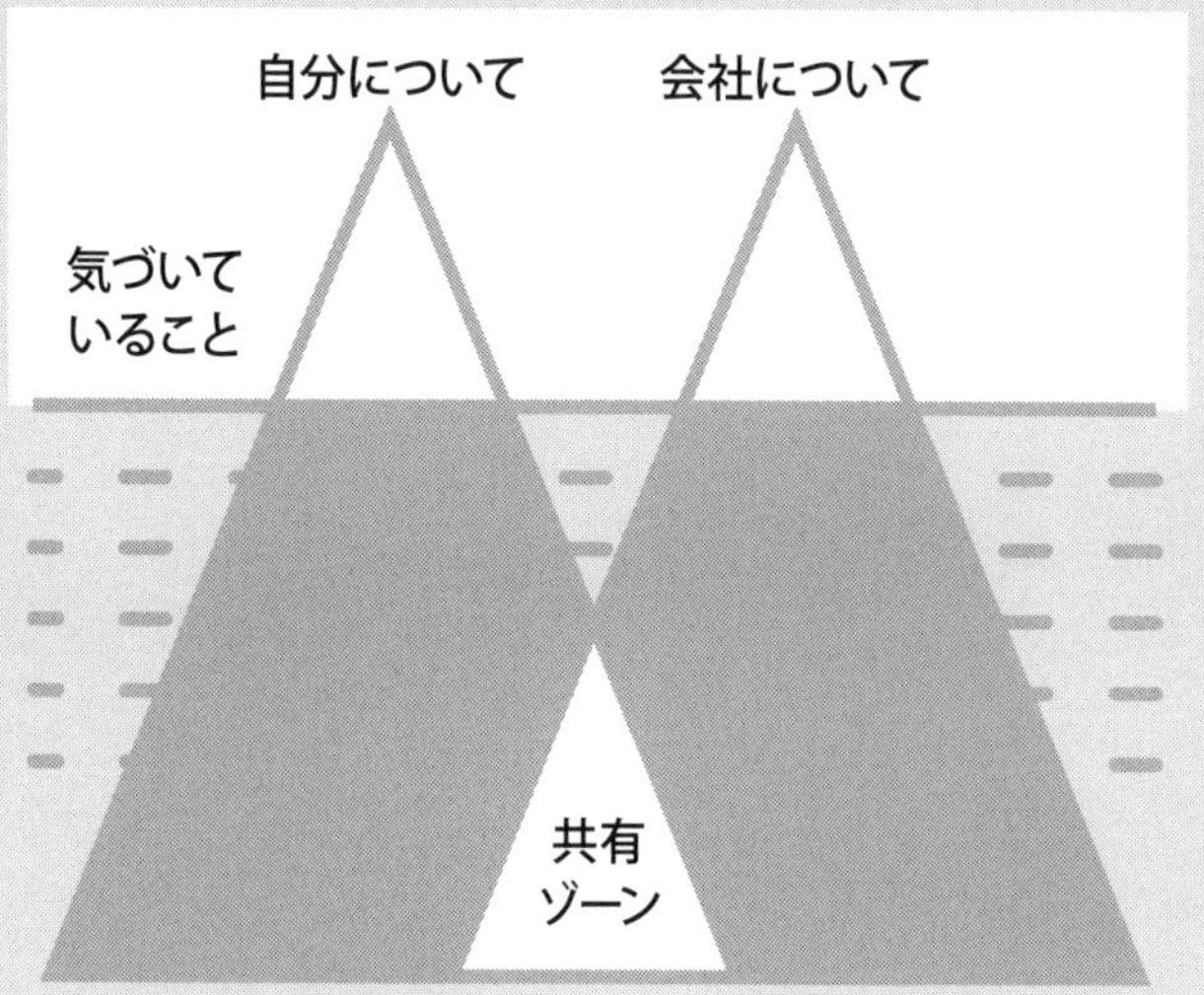

私たちがコーチングをする上で大切にしているのは、クライアントの価値観や自分らしさです。この自分軸を大切にしてそこからゴール設定をするのです。

これがコーチングの大原則ですが、この考え方だけだと、このケースのように、会社を辞めたいというクライアントが出てきたりします。もちろん、本人が会社を辞めたいと言うなら、無理に引き留めることはできません。しかし、自己理解を深めた上で、同じように会社に対する理解も深めて、その上で、どうするかを決めてみるといいと思うのです。

この図を見てください。クライアントは最初、自分らしさや、自分の価値観に対しても、理解が十分ではありません。コーチングで、過去のエピソードや憧れの人について話す中で、だんだんと自分が何をしたいのか理解を深めていきます。無意識に沈んでいたものが、意識化されてくるのです。

同じように最初は、自分の所属する会社についても一部しか理解できていないのです。だから接点がないように思ってしまいます。どんな人がいるか、どんな仕事ができるか、どんなお客さんがいるのか、将来どんな可能性があるのか。会社に対しても理解を深めていくことで、自分のやりたいことと会社でやれることとの接点が見つかり、いまの会社で自己実現に向けて進みながら、しっかりと貢献していく方向が見えてくることがあるのです。もちろんこのような検討をしっかりと行った上で、いまの会社でやれそうなことがないのであれば、退社を考えていいでしょう。その場合にも、辞めるまでの期間をどのように過ごしたら、自分のためにも、チームへの貢献にもなるのかを考えたいのです。あくまでも僕たちコーチは自己実現と社会貢献の接点を探したいからです。

自分軸から始めて共有ゾーンを探す

私たちは自己実現と社会貢献が両方あって初めて人は幸せであると考えています。そして、まずは自己実現のために自己理解を深め、自分の価値観を大切にする。次に社会貢献のために、いま所属する共同体に対する理解を深めて、そこでの貢献を考えるのです。「自分軸から始めて共有ゾーンを探す」アプローチです。

僕たちコーチは常に、何を大事に相手に関わるかが問われています。特に会社のメンバー、そして家族に対してコーチとして関わる時は注意が必要です。組織の考えや自分の価値観を相手に押し付けると、相手が離れていくだけのような不幸な結末になりかねません。

僕はこの「自分軸から始めて共有ゾーンを探す」やり方が気に入っています。人が社会の中で幸せに生きていくことを助けるために役に立つと思うからです。

❸ 何でも言い合えて、一緒に考えられる関係

自他尊重のコミュニケーションが人を幸せにする

コーチング以前に、そもそも人を幸せにするのは「自他尊重のコミュニケーション」です。自分のことも、他人のことも尊重し、これからどうしていくかを一緒に話し合いなが

ら決められる人が幸せになるのです。これは行動療法家ジョセフ・ウォルピの教えです。
彼は人の行動を研究する中で、コミュニケーションを3通りに分けました。

①アグレッシブ　　自分は尊重し、相手を尊重しないコミュニケーション
②ノンアサーティブ　相手を尊重し、自分を尊重しないコミュニケーション
③アサーティブ　　自分のことも相手のことも尊重するコミュニケーション

そしてこの最後の「アサーティブ」と呼ばれるパターンをとる人が幸せになるというのです。自他尊重のコミュニケーションです。自分の気持ち、考え、やり方を大切にしつつも、他人のそれにも配慮するということです。

実践的には、自分の気持ち、意思を明確にする。それを相手に伝えつつ、相手の考えも聴く。双方で、どのようにしたらいいか話し合い、納得のいく結論を探すよう協力する――の順番で進めることになります。

普段からこのようなコミュニケーションをとっていたいのです。アドラー心理学でも、同じように考えています。

押し付けのない関係性をつくる

この考えに照らし合わせると、当時マネージャーであった僕は、僕自身の目標もあり、チームの目標にもコミットしていました。メンバーにも、どのように協力してもらいたいかの方針は持っています。でもそれを押し付けてしまうと、相手を尊重しないコミュニケーションになります。

だからコーチングをしながら、メンバーの考え、目的、やりたいことなどを理解させてもらっているのです。その上で、相手にも、僕や組織の考え、目指すもの、そしてその可能性を知ってもらいたいのです。その上でどのように協力し合えるかを一緒に探りたいと考えていました。

何でも言い合え、どうしたらいいかを一緒に考えられる関係。それが私たちが目指す関係です。コーチングをする時もそうですが、コーチとして関わっていない時にも大切にしたいことです。

第5章　コーチング開始1年後に待っていたこと

❶ コーチングを拒むKさんの本当の理由

人はいくつになっても変われる

コーチングを始めて1年目の出来事で忘れられないものがあります。最初は看守と呼ばれて嫌われていた僕も、その改心が伝わり、だんだんとコーチングを受けてくれるメンバーが増えてきました。コーチングを受けて飛躍的に変化するメンバーも出てきました。そして何よりもチームの雰囲気が変わり、楽しく仕事ができるようになってきたのです。「これじゃあ監獄じゃなくて、仕事の学校だ」と言ってくれた人もいました。ここにいるとやりたいことが見つかり、そこに向かって成長できるからだというのです。

とても嬉しかったしチームとしての結果も出るようになっていたので、チームのメンバーも増えました。僕はますます多くの人たちにコーチとして関わるようになっていました。ただそんな中、一人だけ頑《かたく》なにコーチングを受けたがらない人がいたのです。それがKさんです。彼は経験豊富で仕事もできます。ただいつも冗談ばかり言っていて何が本当なのかつかみどころがありませんでした。僕より年上だったこともあって、どう関わったらいいかよくわからないままでした。

仕事はきっちりしてくれるからいいか、と思っていました。コーチングを必要としない人もいるのかな、とも思いました。コーチとして信頼されてないのだろうな、と思ったこともあります。そんな数ヶ月を経て3月のある日です。突然彼から「折入って話があるから、今夜飲みに行きませんか」と誘われました。あ、辞めるのか。だからコーチングも受けようとしてくれなかったんだな、と直感しました。だけどそれは口に出さずに飲みに行く約束をしました。

2人で彼の行きつけの居酒屋に入り、乾杯して、しばらく当たりさわりのない話があった後にKさんが切り出しました。「宮越さん。俺4月から大学に行きます」びっくりしました。彼のことを何も知らなかったと思いました。でもなぜ大学なんだろう？

彼は続けました。「俺実は大学中退してるんです。高校の時留学したくて、お袋に無理言ってアメリカ行かせてもらって、なのについて行けなくて、遊んでばっかりいて、留年して。嘘ついてたけど、それもバレて。結局中退することになりました。お袋のこと悲しませて、本当に情けなくて、自分が嫌になりました。その後、仕事はそれなりに一生懸命やってたけど、やっぱり何かがやりたいとかがなくて」

いきなりの話に「そうだったんですね」としか言えませんでした。「でも宮越さんすごいよね。あんなに嫌われてたし、忙しかったのにコーチングとか学びに行って、すごい変わったよね。おかげでみんな変わったよね。すごいな、人間っていくつになっても変われるんだ、って宮越さん見てて思ったんですよ。だからね宮越さんのおかげなんです」

あなたの姿勢は周りの人に影響を与えている

何の話かよくわかりませんでした。「宮越さんのおかげなんです。俺も変わりたい。やっぱり大学もう一回チャレンジしたい。お袋は病気で何年も前に亡くなっちゃったけど、チャレンジして天国のお袋に頑張ってるところ見てもらいたくて。宮越さんのコーチング受けないし、毎日すぐ帰るし、感じ悪くてすいませんでした。毎日受験勉強してて。それで受かりました。大丈夫です、会社は辞めません。仕事しながら行けるところを選んだので」

あまりのことに言葉が出ませんでした。「この間久しぶりに墓参りに行きました。それでね、お袋の墓に抱きついて泣きました。お袋もう一回やってみるよ。宮越さんって人のおかげでもう一回頑張ってみようって思ったからって」Kさんは泣いていました。僕も涙がとまりませんでした。

コーチになったから体験できた素晴らしい瞬間は数えきれないくらいありますが、この出来事も忘れることのない大切な思い出です。たとえその人相手にコーチングをする機会があろうとなかろうと、素晴らしいことが起こることはあるのだな、とこの時、学びました。何もできていないと思い込んでいても、自分が気づいてないところで素晴らしいことがすでに起きているかもしれないし、これから起こるかもしれない。この世界はそんな場所なのだとKさんは教えてくれたのです。

相手にコーチングをしていなくても、あなたが自分の人生に取り組む姿勢は周りの人に影響を与えているはずです。できることを精一杯やることが大切だと思います。

第３部
コーチとして成長していくために

第1章　コーチングフィードバックをもらう

❶ コーチングの結果を把握する

ビフォアアフターの変化を知る

ここまで、コーチングの背景にある考え方を学び、そしてコーチングを実際にしていく上で、最低限知っておいたほうがいい「関係性」と「スキル」をご紹介してきました。まずは「基本モデル」を使ったコーチングを繰り返しながら、コーチングに慣れてください。そして、折にふれ、アドラーの教えやロジャーズの教えに戻ると、それらに対する理解も深まると思います。

第3部では、あなたが、さらにコーチとして成長していくためのヒントをお伝えします。

まず最初に提案したいのは、コーチングのフィードバックをもらうことです。

クライアントと結果が出せるコーチになっていくためには、現在の自分のコーチングがクライアントにどんな影響を及ぼしているのか知ることが必要です。現状がわからないと、何をどう変えるのが有効かわかりません。

もっともおすすめの手段が、クライアントからフィードバックをもらうことです。クライアントはコーチングの技術に関してのアドバイスはくれないかもしれませんが、あなたのコーチングの結果、自分に何が起きたかを教えてもらうには一番の相手です。

コーチングが終わった後に、ビフォアアフターの変化について質問してください。

・コーチングを受ける前と後で何が変わりましたか？
・コーチのどのような関わりが役に立ちましたか？
・コーチの関わり方に関して、どのようなリクエストがありますか？

これらを質問し、その答えに対して「〜っていうのは？」などの具体化の質問や「ほかには？」など網羅の質問をしてみるだけでも、これからコーチングをしていくために必要な情報が多く得られると思います。

記憶鮮明なうちのヒアリングを

そしてさらに重要な情報は、コーチングの後で実際に何が起こったかです。会社や家庭など、クライアントが現実に戻った後に何が起こったかです。

・現場に戻った時に、どのような違いがありましたか？（気分や考え方など）
・実際にどのような行動をして、どのような結果になりましたか？
・そこから何を学びましたか？
・次にとってみたい行動はどのようなものですか？

コーチングが終わってから1週間以内を目安に、記憶が鮮明なうちにヒアリングをしてみてください。クライアントにとっては、コーチングの結果について振り返り、次の行動について考える良い機会になります。そして僕たちコーチにとっては、自分のコーチングが現実にどのような影響を及ぼしたのかを知る貴重な機会になります。

単純化すれば、私たちはコーチングでは「仮説」と「勇気」を生み出したいのです。

仮説とは「目的」が何で、「ゴール」はどのような状態で、そのための効果的な「アクション」は何かということです。

勇気とは、クライアントのエネルギーであり「やりたい」「やれそう」という実感です。

クライアントが実際にとった行動とその結果から、コーチングでつくられた仮説や、勇気のエネルギーがどのように現実に影響したかを知り、コーチングの進め方の改善のヒントにするのです。

❷ コーチ仲間からアドバイスをもらう

上級者からのスーパービジョン

クライアントからのフィードバックはほかでは得難いものですが、ほとんどのクライアントは、コーチングのスキルや、コーチングの進め方の良し悪しについてはコメントできません。クライアントはコーチングやそのスキルがどういうものかよく知らないケースがほとんどだからです。

そこで、自分のスキルや、進め方の改善点に関するアドバイスが欲しければ、先生や先輩に相談する必要があります。これはスーパービジョンなどと呼ばれることもあります。スクールで習ったことを実際のコーチングの場面でしっかりと応用できているかどうかについてコメントをもらったり、どう関わったらいいかわからなかったケースに関して、アイディアをもらったりします。

「仲間」同士のディスカッション

コーチ仲間同士でのディスカッションも有効です。自分たちが学んだ理論や、スキルをもとに、実際のコーチングのシーンを振り返り、どのように何をすれば、より良かったのかを共に検討し、次回以降のコーチングの参考にするのです。

いずれの場合にも注意すべきなのは、守秘義務の問題です。クライアントが誰かを特定されないようにするのはもちろんですが、スーパービジョンを受ける時には、クライアントに許可をもらってください。

❸ 自ら振り返りを行う

良い部分を安定的に再現できることを目指す

クライアントからフィードバックをもらう、指導者からスーパービジョンを受ける、仲間同士でディスカッションをするなどを繰り返すうちに、自分自身でもコーチングを評価する目が育ってきます。自分でもコーチングを振り返りながら、改善活動が行えるようになるのです。

自分で振り返りをする際の注意点ですが、まずは自分のコーチングの良い部分や、うまくできている部分に着目するようにしてください。そこに気づいて良い部分を安定的に再現できることを目指すのが成長の早道だと思います。その上で、自分のコーチとしてのゴールに向けて、課題を少数だけ選んで取り組み、クリアできたら次の課題に移るのがおすすめです。

第2章　コーチングの時間の使い方を研究する

❶ タイムマネジメントに悩む女性のユニークな結論

もう時間がないのに、時間をうまく使えない……

第2部でも触れましたが、コーチングの時間をどう使うかは、とても重要なテーマです。まずは具体的なケースを紹介しますので、その後でもう少し考えてみましょう。

「大変なんです。私、タイムマネジメントが苦手で。助けてください。タイムマネジメントができるようにして欲しいんです」

公開でのコーチングの相手として手を挙げてくれた女性は、切羽詰まった様子で話し始めました。

Co「何があったんですか？」

Cl「どうしてもやらなきゃいけない仕事の期日が迫ってるんです。もう間に合わないと思います。でもどうにも腰が重くて、動き出せないんです。もう時間がないのに、時間をうまく使えなくて」

Co「いやな言い方に聞こえたら、許してください。タイムマネジメントの問題ではなくて、その仕事やりたくないいんじゃないですか？」

Cl「いや、やらなきゃいけないんです。だから助けて欲しいんです」

Co「そうですか。でも僕も、やりたくないことを無理にさせるようなことはしたくないんです。主義に反するので」

Cl「そんなこと言わずに助けてください」

「頭」の意見と「身体」の意見を分けて聴く

なかなか珍しい展開になりました。そこで僕はこう提案しました。

Co「では、こうしませんか。やらなきゃいけない話も聴きますから、本当はやりたくないという話も聴かせてください。その上で、あなたが本当にやりたいことについても聴かせてもらいたいのです。それなら相談にのれます」

Cl「でも……」

Co「どうしますか」

Cl「お願いします」

ということで、このちょっと変わったコーチングがスタートしました。

Co「では、ここに椅子を二つ用意しましょう。向かい合わせで置いてみますね。一つはあなたの『頭』のための椅子です。やらなきゃいけないと思っている『頭』です。そしてもう一つの椅子は『身体』のための椅子です。頑として動かない『身体』。これから『頭』の意見と『身体』の意見を分けて聴きますから、協力して欲しいのです」

Cl「はい……」

半信半疑な様子で彼女は答えました。

Co「ではまず『頭』の椅子に座って、『頭』がいつも『身体』に言っていることを口にしてもらえますか？」

Cl「はい。えーっと。いい加減にしてよ。もう間に合わないよ。どうすんの？　大問題になるよ。仕事なんだよ？　どうしてやらないの？　馬鹿じゃない？　自分でとった仕事でしょ。気が乗らないとか言っててもしょうがないじゃない。子どもじゃないんだから、いい加減にしなよ。誰も助けてくれないよ。信用失ったら、これからやっていけないよ」

後から後から言葉が出てきました。ひとしきり言い終わったところで、声をかけます。

Co「では、いったん立ち上がって、深呼吸をして、落ち着いたら、教えてください。もう一方の椅子に座っている『身体』はどんな様子でそこにいそうですか？」

Cl「うーん。どっしり座って、視線を下に向けている感じです」

Co「なるほど。ではそのようにして『身体』の椅子に座ってください」

Cl「はい」

Co「正面から『頭』がいろんなことを言ってきますよ。聴いていてどんな気持ちですか」

Cl「何にも感じません。大きな岩みたいな感じです」

Co「大きな岩みたいっていうのは？」

Cl「うーん。そうですね。川の中にある大きな岩。すごい激流みたいに、言葉がどんどんぶつかってくるけど、まったく動かない」

Co「なるほど。じゃあイメージしてください。あなたは大きな岩です。そして激流みたいに大量の言葉がぶつかってくるけど、びくともしない……それをずっと感じていて……ねぇ、どんな気持ち？」

しばらくの沈黙の後で彼女は静かに答えました。

Cl「寂しいです」

Co「どうしてだろうね？」

Cl「この人（『頭』のこと）だって、本当は、やりたくないのを知ってるから」

本当にやりたい仕事ができなかった理由

きいてみると、独立して研修の仕事を始めたばかりの彼女は、仲間と一緒にとある案件を受注しました。ところが蓋を開けてみたら、その研修では自分が本当に伝えたいと思っていたことを伝えることはできず、むしろ真逆のことを伝えなければいけない状態になっていたそうです。そんな状態だから、打ち合わせ用の資料をつくる手が止まっていたのです。そこまで聴いてから、僕は再び彼女に『頭』の椅子に戻ってもらいました。

Co「『頭』さん。あなたの『身体』は、あなたもやりたくないはずだ。だから寂しくて、黙ってるし、決して動かないんだ、って言ってますけど」

Cl「確かに、私もやりたくない。でも約束しちゃったから……やるしかないじゃない」

Co「そうですか。ただそれだと平行線ですね。よかったら、あなたの気持ちを『身体』に正直に伝えて、『身体』にアイデアをもらってみませんか?」

Cl「はい。そうですね。あのね、やりたくないのは私も同じで、やっぱりあの仕事は受けなければよかった。こんな仕事ばかりやってたら、何のために独立したのかわかりゃしない。だからあなた(『身体』)の言うことはよくわかる。だけどわかって欲しいのは、もうこのタイミングでできないとは言えない。私だけじゃなくて仲間の信用問題にも関わるから。だから助けて」

Co「では『身体』の椅子に移ってください。そして『頭』の声をゆっくり聴いてみて。何て言ってあげたいですか」

Cl「それもわかるよ。だから今回のことはやってもいい。だけど……」

Co「だけど?」

Cl「こういうことが続くのは絶対にイヤ。絶対にイヤだし、ちゃんと本当にやりたかった仕事をやって欲しい。もう一つの案件の方が、やりたいことに近いのに、そっちも全然進めてないじゃない。そっちも進めていって、これからはやりたいことがちゃんとやれるんだ、って思えたら、今回の件も進めてもいいと思う」

Co「言ってみてどう？」

Cl「納得感があります。いろいろ悩んでしまって、本当にやりたい仕事にも手をつけられてなかったんですよね。だから本当にやる気が出なくなってしまっていたのかな」

「明日1日は休みにする」という結論

Co「では、どうしましょうか」

Cl「うーん。まず資料提出が遅れるとみんなに連絡します。そうして、明日1日は休みます。なんだかこの件だけじゃなくて、結構自分が疲れていることに気がついたので」

Co「なるほど。そして、それからどうしますか？」

Cl「それで明後日の午前中に、本当にやりたかったプロジェクトのメンバーに連絡を入れて、少しだけでもいいのでその話を進めます」

Co「うん。それで？」

Cl「それで、勢いがつくはずなので、明後日の午後に今回の資料をつくります」

Co「イメージして欲しいんだけど、それでできそう？」
Cl「うーん。そうですね。資料自体は大したボリュームではないし、この気持ちならできると思います！」

期日に間に合わないからタイムマネジメントができるように助けて欲しい、から始まったこのちょっと変わったコーチングの結論は「明日1日は休みにする」と最後まで面白いものでした。

後日、彼女と出会った時、結果どうなったかを教えてもらいました。

「ありがとうございました。おかげで良い感じで資料がつくれました。新しいプロジェクトも進みそうと思えたら、調子良く書けたんです。ちょっと調子に乗って、本来伝えたかったことも少し盛り込んでみたんです。ダメでもともとと思って。でも熱心にプレゼンしたら、それも通ってしまって。本当にコーチング受けて良かったです」

❷ コーチングはクライアントの「作戦タイム」

持ち込まれた「テーマ」と「ゴール」を一緒に検討することから

コーチングをすることに慣れてきたら、コーチングの時間をどのように使うかをさらに考えてみて欲しいのです。

先の事例で、クライアントが最初に相談してきたのは「タイムマネジメント」についてでした。「コーチングのテーマ」などと呼ぶこともありますが、クライアントは何か、コーチングで扱いたい題材を持ってコーチに相談をしてきます。そしてもう一つ、コーチングを通じて、どうなったら良いかというコーチングのゴール（コーチングが終わった時の理想的な状況）についてのイメージも何らか持っていることが多いです。

実はこの「コーチングで何を扱うか？」「コーチングの時間のゴールは何か？」についてクライアントと一緒に検討するのは大切なことです。当たり前ですが、これらによって、コーチングの時間の使われ方が決まり、コーチングの結果はそれに影響されます。そしてその結果と共に、クライアントは自分の世界に戻ることになるからです。

僕は「タイムマネジメントができるようになりたい」というクライアントが持ち込んだテーマやコーチングのゴールに対する希望に対して、イエスとは言いませんでした。そして別のことについて考えようとクライアントに提案したのです。

コーチングの目的から考える

ここまで本書を読み進めてくれたあなたには当たり前だと思いますが、本当はやりたくないことをやる方法を考えるのは、コーチングの方針に反するのです。やりたくないことをやっても幸せになりません。世の中には様々な価値観を持つ人がいます。自分にとってやりたくないことでも、世の中には、それをやりたいという人がいるのです。その人にやってもらったほうがお互い幸せです。

この相談は共有ゾーンの考え方でアプローチしても良かったと思います。まずは自分が本当にやりたいことが何なのかに関する理解を深める。その上で、今回受けてしまった仕事に関して、一緒に仕事する仲間や、お客さんのこと、この先の可能性など理解を広げてみます。そうすると、自分の未来にも活かせるような関わり方が見つかるかもしれません。

いずれにしても、やりたくないことを無理やりやらせることはしたくないですし、それは難しいことですからうまくいかない可能性も高いと思います。

コーチングが終わればクライアントは現実に戻ります。コーチングはクライアントの「作戦タイム」の時間です。貴重な作戦タイムだからこそ、目的を確認して、その実現のために役立つものにしたいのです。

最初は「基本モデル」を使ってコーチングをしていれば、うまくいく場合が多いです。このケースも「基本モデル」でもそれなりにうまくいったと思います。そこからより自由で、効果的なコーチングに進むためには、クライアントと何の時間をどう使うか、より探求してみてください。

❸ テーマが生まれた背景に意識を向ける

相談の「本当の目的」は何か?

クライアントと検討する価値のあるテーマを見極めたい場合に、大切な考え方は「テーマの生まれた背景」に関心を向けるということです。

例えばクライアントが「転職したい」と相談してきたとします。この時にこのクライアントは転職をしたいんだと考えずに、何があったから転職しようと思ったのだろうと考え、それを質問してみます。

「実は転職したくて」
「そうなんですね。何があったから転職しようと思ったのですか」
「しばらく前から、人間関係が良くなくて、そろそろ限界を感じていて」

例えばこんなふうに展開したとしたら、このクライアントは人間関係に課題を感じて、その解決策として転職を思いついたということです。そのことを明らかにした上で、本当の目的は何だろうか？　と問いかけて欲しいのです。

もし本当の目的に照らし合わせて、この会社に残れるものなら残りたいということになれば、人間関係をより良い状態に変えていくことがコーチングのテーマになることもあるわけです。場合によっては、独立や、留学することなどが今日のコーチングのテーマになることもありますし、そもそも将来本当に何をしたいかを一緒に考えたい、というテーマになることだってあるわけです。

何について時間を使うのがいいのかを考えるためには、どんな出来事があったからその相談が生まれたのか（背景になる出来事）を聴き出した上で、本当の目的について尋ねてみてください。

❹ なぜか長期計画が立てられない経営者

「本当の目的」を一緒に探し出す

もう一例、具体的なケースを見てみましょう。五〇代の会社経営者からの「長期計画をつくるのを手伝って欲しい」という相談です。

Cl「正月休みに、会社の今後についていろいろと考えようと思っていたんだけど、なかなか進まなくて」

と始まりました。「どういうことでしょう？」と尋ねると

Cl「今年の目標なんかはいいんだけど、長期的な計画なんかを考えようとすると、なぜだか、気分が乗らなくて、結局うまくつくれなかったんだよね……もっと明るい気分で考えたほうがいいのかな、と思って、話をきいてもらいたいんです」

もちろん明るく未来について話をすることもできますが、僕は彼の「つくれなかった」という言葉が気になりました。彼はベテラン経営者ですから、計画を立てる能力自体はあります。何か隠れた目的があって「つくらなかった」可能性もあるのではないかと思ったのです。

そこでゆっくりとした口調で「その時のことを思い出してみてください。その時あなたはどんな気持ちでしたか？」ときいてみました

Cl「なんだかモヤッとした感じというか……」

Co「そのモヤッとしたものをもう一度感じてみてください。何が気になっているんだろう……誰か気になっている人はいませんか？」

Cl「気になってる人？　……あぁ、家族のことかな」

Co「家族のことっていうのは？」

Cl「妻のことですね」

Co「もう少し教えてもらえますか？」

Cl「僕はいずれ地元に帰って、ビジネスの中心もそちらに移していきたいのですが、地元に戻ることに対して妻の反応がイマイチ良くないので」

Co「なるほど……気がかりはそれだけでしょうか？　ほかには？」

Cl「うーん。やっぱり両親のことが気になってるのかな。介護の問題も出てくるから、戻るとは決めてたんだけど……何をどうするのがいいのか、わからないことも多くて」

Co「そうですか。ここまで話してみてどうですか？」

Cl「家族のことが思ったより気になってますね。特に今後の両親の介護に関する指針がないことかな。向こうも何をしてくれと言ってくるわけじゃないから、自分が本当にどうしたいのか決めないといけないのか……」

このように展開していきました。ご両親の今後が気になり、まずそちらを先に考えたほうがいいという思いから、会社の長期計画づくりにブレーキをかけていたのかもしれない、という話になってきたのです。

Co「ちなみに、あなたの本当に望んでいる未来はどんなものですか？」

しばらくの沈黙の後、彼は答えました。

Cl「家族も、仕事も、自分自身のことも、やりたいことはやり切った！　と思えることですね」

Co「では、あらためてうかがいますが、今日は一緒に何について話すことが役に立ちそうですか？」

Cl「はい。まずは両親に対して、自分が何をどこまでしたいのか明確にしたいです」

Co「なるほど。それが明確になったら、最初におっしゃっていた長期計画の件はどうなりそうですか？」

Cl「そうですね。それを決めて、両親や妻と話ができたら、会社の方はこれまで通り自分でも考えていけますね」

ということで、会社の長期計画ではなく、ご両親との今後の関わり方について考えることになりました。

ところで、僕が途中でした「何が気になっているんだろう……誰か気になっている人はいませんか？」という質問。この「誰か気になっている人はいませんか？」はどこから出てきたのでしょうか。アドラー心理学には、「目的は対人関係の中で持たれる」という考えがあります。これは「対人関係論」と呼ばれているものです。

先述の通り「長期計画をつくれない」のではなく「何らかの『隠された目的』によってつくらない」のではないかと僕は考えました。そこから「それは誰との関係の中での目的なのだろうか？」に僕の関心が向いたのです。誰かまだ出てきていない登場人物がいるのではないか、と。

それを知りたくて「誰か気になっている人がいませんか？」と尋ね、ご両親などが浮かび上がり、そこには「家族に対してもやり切りたい」という目的が隠れていたことが明らかになったのです。アドラー心理学のこのような思考法に慣れてくると、クライアントが意識しきれていなかった目的や課題などを明らかにすることに役立ちます。

持ち込まれたテーマに飛びつかない

いかがだったでしょうか。ケースごとの違いはありますが、基本的な考え方は一緒ですね。最初にクライアントが持ってきたテーマに飛びつかずに、背景となった出来事を思い出した上で、本当の目的について考える。その上で、今日のコーチングの時間の使い方を一緒に決めています。

このことを「テーマ再設定」と呼んでいます。クライアントが当初持ってきた相談内容＝テーマにそのまま飛びつかずに、何について考えるのが良いのかを一緒に考え、今日のコーチングのテーマを設定し直すのです。このことができるようになると、コーチングの時間がクライアントにもたらす価値が大きく変わります。

この観点からも、あなたが様々なタイミングでコーチングを受ける体験を増やすことは役立ちます。様々なテーマでコーチングを受けたり、いろいろなやり方のコーチングを体験することで、あなたの中でのコーチングの時間を使ってできることの選択肢が増えるからです。

第3章　コーチ自身の基盤を整える

❶ 自分の人生を生きている度合いを上げる

コーチがコーチングを受け続ける理由

コーチングを行うのはコーチです。同じようなスキルを使っても、コーチが誰であるかによって結果が変わってしまいます。コーチのあり方が問われるのです。あり方を磨くためには何ができるのでしょうか。

もっとも大切なのは、自分の人生を生きている度合いを上げていくことです。僕たちコーチがコーチングを受け続けているのはこのためです。

定期的に自己理解を深め、目標を設定し直し、取り組み方を見直すことで、より自分の人生を生きようとしているのです。

私たちの多くが持っている思い込みに「歴史の終わり幻想」といわれるものがあります。これ以上自分は変わらない、自分の変化の歴史はこれで終わりだという思い込みを持ってしまうのです。心理学の世界では「自己成就的予言」などといいますが、これ以上変わらないと思うと、実際に変わりにくくなります。

死ぬまで、より自分らしく

逆に、いつまでも変化すると思えば、新しい体験をしながら、自己発見を深めたり、自己実現を進めたりしようとします。その中で変化や成長が起こるのです。アドラーは「人は死ぬ1週間前でも変わることができる」といいます。僕もそのことを信じて、死ぬまで、より自分らしくいたいと願っています。

コーチが自己一致しているかどうかは、クライアントに大きく影響しています。コーチが自分の心の声を聴き、自分の望むことを大切にしながらいまを生きる。そしてより、こうありたいという未来に向かう。そのことは、クライアントへの刺激になり勇気となります。

僕たちは生涯現役でいたいのです。すでに成功した人が、自己実現したい人を助けてあげるのではなく、生涯現役で常に未来に向けて、現在を生きている人が、ヨコの関係で応援するのがコーチの理想の姿なのでは、と思うのです。

❷ 自分らしく生き、周りの人と助け合いながら暮らす

「共同体感覚」とは？

アドラー心理学には「共同体感覚」という概念があります。文字通り共同体に所属している感覚ということです。私たちは共同体感覚を持てると幸せを感じ、勇気が生まれるというのがアドラーの考えです。共同体感覚は以下の四つの要素に分解できます。

①所属感　ありのままの自分でよく、その自分にちゃんと居場所がある
②自己受容　自分なりによくやってきた。自分の考え、興味関心には価値がある
③他者信頼　誰しも同じように価値がある。話せばわかり合え、協力し合える
④貢献感　自分はいまでも貢献できているし、これからも貢献ができる

これらが実感できているのが「共同体感覚」がある状態です。

前に『嫌われる勇気』の中から、心理面の目標について

・「わたしには能力がある」という意識
・「人々は仲間である」という意識

を持つことが大切であること書かれていることを紹介しましたが、これも共同体感覚についての話です。あなたは実際にどれくらい、この感覚と共にいるでしょうか。

世界のどこでも生きていける

ある男子大学生と話していて感銘を受けたことがあります。彼は大学を休学して、何ヶ国かを旅しながら、現地でできる仕事をして過ごしていたそうです。そんな体験を振り返って彼が言ったひと言が「世界中どこに行っても何とかなるもんだと思いました」というものでした。

「世界中どこに行っても何とかなる」これは先に取り上げた二つの意識から生まれた言葉だと思います。世界のどこでも、自分は何とかできる。世界のどこにいるどんな人でも(仲間になれるから)何とかなる。こんなふうに思える経験ができた彼は、文字通り世界のどこに行っても、自分らしく生き、周りの人と助け合いながら暮らしていけると思います。世界のどこにいても共同体感覚を持てるのです。

この二つのどちらが欠けていても、幸せに生きることは難しくなります。自分には能力がないし、身につけることもできない。そう思ってしまったら、夢を描いて、失敗からも学びながら進み続けていくことは難しくなります。

人々は仲間であるというのも同様です。そう思えなかったら、そもそもこの世界に生きるのが苦しくなりますし、お互いを認め合い、勇気づけ合いながら成長することは難しくなります。そしてお互いに持っているもので貢献し合うこともできなくなってしまうのです。

コーチが「共同体感覚」を向上させる方法

コーチである私たちがより共同体感覚を持てるようになることも、クライアントへの良い刺激となります。

共同体感覚は、本来は世界全体に対して感じるものだとアドラー心理学では考えています。世界の全人類、それを超えて、ご先祖さまや、これから生まれてくる人々。そのすべてをイメージした上で、「自分はOK」「他人もみんなOK」「それぞれの形で貢献できる」と感じられているのが共同体感覚なのです。そしてこの感覚と共にいる時に、私たちは幸せであり、この感覚と共にいられる時にもっとも勇気に溢れ、建設的な行動をとることができると考えるのです。

コーチとクライアントの関係が共同体感覚に溢れるものになるためにも、普段からより広い世界に対して共同体感覚を感じられるようになっていきましょう。

あなたの共同体感覚を上げるために簡単に取り組める方法があります。先ほどの

・所属感　ありのままの自分でよく、その自分にちゃんと居場所がある
・自己受容　自分なりによくやってきた。自分の考え、興味関心には価値がある

・他者信頼　誰しも同じように価値がある。話せばわかり合え、協力しあえる
・貢献感　　自分はいまでも貢献できているし、これからも貢献ができる

この四つの感覚を向上させるために、どんな行動ができるかを考え、実行するのです。そして行動をとった後、実際にそれぞれの感覚が上がったかどうかを感じてみてください。

誰もが自分の課題に自分で取り組めると思えるようになる

このことと関連して、「課題の分離」を徹底することも大切です。自分の課題に取り組み、他人の課題に踏み込まない。相手は自分の課題に自分で取り組めると信じて応援するのです。この点でコーチングを続けることは、私たちに良い効果をもたらします。コーチングをすることを通じて、みんなが自分の課題に自分で取り組めるのだと心の底から思えるようになっていくのです。このことは私たちが共同体感覚を向上させることに役立ちます。

❸「劣等感」は悪いものではない

常に「理想の自分」のイメージに戻る

アドラー心理学でいわれる「劣等感」についても考えましょう。アドラー心理学では「劣等感」を悪いものだとは考えていません。

「劣等感」とは本来、理想の自分と現在の自分とのギャップなのです。本来こうありたいという姿に、現在の自分は届いていないように見える。その時に、周りに理想の自分に近く感じる人がいると、その人との間に「劣等感」を感じるのです。

これは変な話です。あなたの幸せは「なりたい自分」になることです。ほかの人の幸せは、その人のなりたい自分になることです。それぞれ大切にしたいこともゴールも違うのです。それなのに、人に対して劣等感を持ってもしょうがないのではないでしょうか。

ですから、劣等感を感じたら、理想の自分のイメージに戻り、そこに向かっていま何ができるかを考えて行動を続けましょう。これを「劣等感の補償」といいます。理想の自分と現状の自分のギャップを補う（補償する）のです。

世の中に優れている人はたくさんいます。僕はコーチングに人生をかけて取り組んできましたが、良いコーチ、上手なコーチは世の中にたくさんいます。僕もほかのコーチと自分を比べたら、落ち込んだり、羨んだり、自分が嫌になったりすることもあります。そして下手をすると「自分には才能がないから」「自分は環境に恵まれていないから」などと言って、それを未来に進むことをやめる言い訳にしてしまうのです。これが「劣等コンプレックス」といわれる状態です。これはもったいないと思います。人は人、自分は自分なのですから、自分の理想に意識を向けて、やれることをやりましょう。僕もこれまで15年間それを続けることで、ほかの誰とも違う、自分らしいコーチとしての人生を進もうとしてきました。

誰もが持てる「三つの勇気」

私たちが人生を生きる上で、三つの勇気を持てるといいとアドラーは言っています。

①不完全である勇気
②失敗をする勇気
③過ちを認める勇気

一つずつ解説してみます。

①不完全である勇気

究極の自分には、死ぬまでなれないわけですから、私たちはいつでも不完全です。それを認めて、それでも理想に向かって日々取り組みましょう。不完全であることは当たり前だし、不完全であるからこそ、謙虚に学び成長できる。そして不完全だからこそ人と助け合えるのです。

あなたがもし完全完璧な人間になったら、あなたは他人の勇気を挫くことになります。「あなたみたいに完全ではない私はダメだ」と思わせてしまうからです。それぞれが自己実現に向かう道の途上にあると思えば、みんな不完全です。それを受け入れあい、助け合うのです。

そして、自分のことを完全であると感じているなら、もっと広い世界に出るタイミングかもしれません。そこには、次の成長と貢献のチャンスがあります。

②失敗をする勇気

次は「失敗をする勇気」です。これがないと成長できません。私たちは、自分が生きている世界について、ほんの一部分しか情報を持っていません。いくつになっても、わからないこと、できないこと、失敗することがあって当たり前です。成長するためには新しい体験が必要で、新しいことに取り組んでいると、思い通りにいかないことはいくらでもあります。そのことを受け止め、失敗する勇気を持って、チャレンジし、失敗してもそこから学び続けたいのです。

アドラーいわく「失敗が最良の教師」です。失敗するから道を変えられるのですし、失敗するということは、まだよくわかっていない世界にチャレンジして、そこから学んでいるということなのです。

③過ちを認める勇気

三つ目が「過ちを認める勇気」です。失敗を恐れずに新しい領域で行動をしていると、結果として人に迷惑をかけることもあります。その時に大切なのが、過ちを認める勇気です。自分ひとりでは幸せになれません。人々とお互いに尊重し合い、協力しあって社会が成り立っているわけです。間違った、迷惑をかけたと気づいたら、過ちを認める勇気を持ちたいです。

・原状回復
・再発防止
・謝罪

について検討すればいいのです。

ここまでこの章で述べてきたことに取り組み続けることで、私たちのコーチとしての基盤が整ってきます。コーチングはその基盤の上で行われるものです。

第4章　潜在力を発揮するために

❶ 持っている力をすべて発揮できるコーチになるには？

リソースフルな「状態」でいるための三要素

コーチングをするのは、私たち一人ひとりの人間です。クライアントはコーチングに出会うだけでなくコーチに出会うのです。たとえ同じ質問でも、同じ勇気づけのコメントでも、どんなコーチが発しているかで、クライアントに対する影響や効果は違ってしまいます。そして今度はコーチングをする時の「状態」について考えてみましょう。

アメリカの著名コーチの一人アンソニー・ロビンスは「心身の状態こそすべて」といいます。私たちの「状態」は、私たちの思考や行動、そして周りにいる人たちにも影響するからです。私たちが理想としているのは「リソースフル」な状態です。リソースフルというのは、自分の能力を発揮できる状態ということです。より正確にいうと、自分の内側にあるリソース（資源）も、外側にあるリソースも最大限使えるような状態ということです。

いくらコーチングについて学んだり、経験を積んだとしても、それらをうまく使えないような状態では望む結果はでません。わかりやすくいえば、持っている力を発揮できるようにしていきたいということです。

そしてアンソニー・ロビンスは、心身の状態は三つの要素を意識することで変えられると説明します。

それが、

①身体　姿勢、表情、呼吸、動作など
②言葉　発する言葉、思考で使っている言葉
③焦点　意識（五感）を何に向けているか

です。自分の心の状態をマネジメントしたかったら、これらを変えながら自分の心を良い状態にもっていく練習を普段からしてみてください。

心身の「状態」を自分でマネジメントする

理想のコーチングをしている自分の状態を思い描き、そこに近づくような身体の使い方、そこに近づくような言葉遣い、そして何に対してどう意識を向けるのが役立つのかを探求するのです。これを繰り返すことで、自分の状態を自分でマネジメントできる自信がつきます。自分を信じられるようになればなるほど、自分の持っている能力を様々な場所で発揮できるようになります。

❷ 観察力を磨くマインドフル瞑想

相手に集中し続ける

僕はトレーニングの中で、マインドフル瞑想への取り組みも強く推奨しています。実は僕自身もコーチングと同時にアドラー心理学とマインドフル瞑想に出会い、実践を続けています。

マインドフル瞑想とは、五感を使って、今ここの出来事を観察し続ける瞑想法です。何かを考えたり、イメージ（想像）の世界に入り込むのではなく、徹底して、今ここで起こっていることを観察し続けようとするのです。

私たちは、あまりよく現実を観察していません。そしてそのことに気づいてもいません。コーチングをしている最中でも、気がつくと次の展開を考えていて、クライアントの話を聴き逃していたり、さらにはそのことに気づいていないことすらあります。自分のコーチングを振り返るための方法の一つとして逐語《ちくご》で文字起こしをするというものがあります。コーチングセッションの録音を一語一語文字起こしするのです。そうすると、最初のうちはクライアントの話を聴き逃して、おかしな質問や反応をしていることに気づきます。

コーチングの最中、クライアントに集中を続けられるようになるために、マインドフル瞑想に取り組むのは効果的です。マインドフル瞑想に取り組むことで、自分が今ここの出来事に集中しているのか、空想の世界に入りんでいるのかの区別がつくようになるからです。また脳に関する研究によれば、マインドフル瞑想を繰り返すことで、集中力の向上や、クリエイティビティの向上が見込めるとのことです。

アドラー心理学を学び実践する人の中には、マインドフル瞑想をとり入れている人たちが多くいます。それはなぜでしょうか。アドラー心理学では、その人の物の見方（思い込み）が人生に大きな影響を与えていると考えるからです。

思い込みから自由な視点を持つ

マインドフル瞑想はあるがままの姿を観察しようという試みです。ありのままの自分を観察し続けると、自分には様々な側面があることに気づきます。ありのままに他人を観察していると、他人にも様々な側面があることに気づきます。

このことによって、多角的な物の見方ができるようになり「自分は××」「他人は××」などの思い込みから自由になることができるのです。

コーチングでやりたいことの一つは、クライアントに可能な限りオープンマインドになってもらうことです。実現すると思えるかどうかを超えて、未来を想像したり、様々な可能性を考慮しながら、大きな夢の実現方法を見つけ出して欲しいのです。その手助けをするためには、まずはコーチ自身が、自らの思い込みにとらわれることなく、様々な視点を自由にとれることが必要です。マインドフル瞑想は、このことの役にも立つのです。

❸ 直感力を鍛える

ゴールを五感を使ってイメージするのは？

観察力を磨くことは、もう一つ大きな効果を生みます。それは直感力の向上です。次ページの図を使って考えてみましょう。

コーチングで大切なことの一つにゴールを具体的に思い描くことがありました。ゴールを具体的に思い浮かべると、私たちの中で何が起こるのでしょうか？

実はゴールを具体的に思い浮かべるのと同時にもう一つ大切なことがあるのです。それは五感を使って、現状をしっかりと観察する（マインドフルに観察する）ことなのです。この二つが組み合わさった時に、私たちは無意識のデータベースからアイディアを生み出すことができるのです。

ゴールを具体的にイメージするということは、五感を使ってイメージするということで

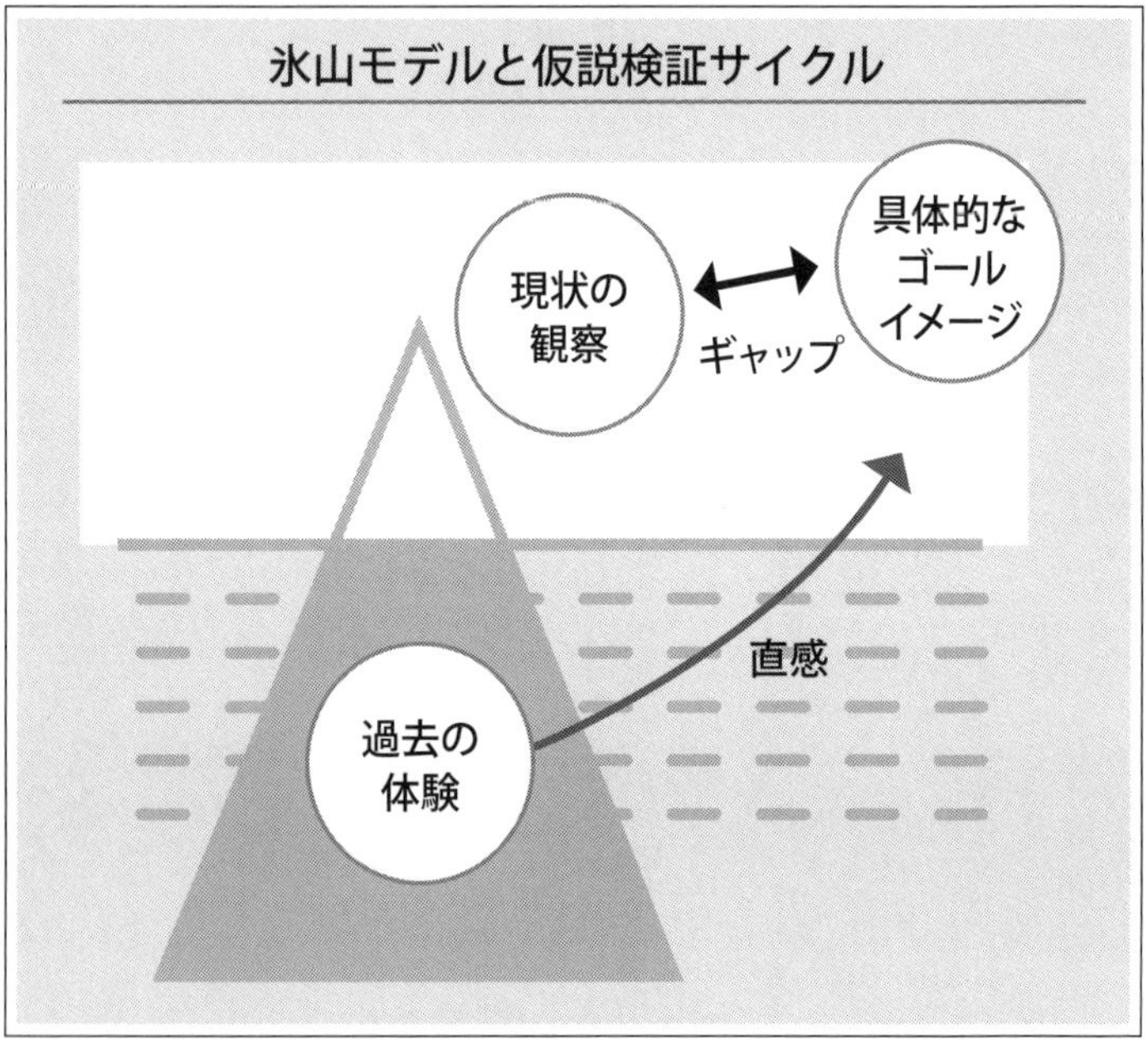

す。ゴールを達成した時点にタイムマシンで訪れたとして、そこでは何が見えるのか？　何を聴くことができるのか？　何を感じるのか？　それらをイメージをするのです。

そしてもう一方、現在の状態も五感を使って、注意深く見て、聴いて、感じるのです。そうすると、五感の情報として、現在と理想の未来の何が違うのかがわかるのです。

理想の実現に向けた直感が浮かんでくる

無意識はその、現在と未来のギャップを埋めるために、過去の五感体験のデータベースを検索し、何か役に立ちそうなものを見つけてくるのです。意識からしたら何だかわからないけれども、突然浮かんできたアイディア。

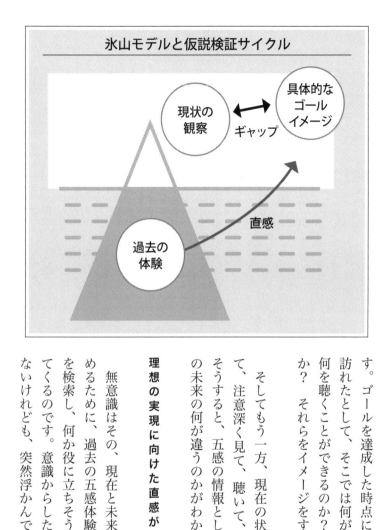

まさに直感です。

実際には直感の通りに動いて、結果につながることもありますし、そうならないこともあります。それでもいいのです。無意識がその結果からも学習し、次の行動のアイディアを出してくれるように、ただゴールをイメージし、現状を観察しながら待てばいいのです。無意識の学習サイクルを回すのです。

こうすることでだんだんと直感が研ぎ澄まされてきます。

直感が研ぎ澄まされてくるとコーチングも変化してきます。クライアントと一緒に未来をイメージしていると、その未来の実現に向けて、どんな関わりをしたらいいかがどんどん浮かんでくるようになります。クライアントのゴールと、現在のクライアントとのギャップを埋めるためのアイディアを、あなたの無意識がどんどんと出してくれるようになるからです。

第5章　コーチングの可能性に触れる

❶ “世界へのチャレンジ”をコーチングする

宙づりになっていたシルク・ドゥ・ソレイユ参加の夢

コーチングを探求し、自身のあり方を見つめながら、私たちはどこへ向かうのでしょうか。ここからは、僕のコーチングの実践事例を紹介しながら、コーチングの様々な可能性に触れてもらいます。それらを参考にしながら、あなたはどんなコーチになって、誰の人生に、どんなふうに関わりたいかのイメージを膨らませてください。

僕がコーチになって6年目。2011年に「カプリオール」のメンバーにコーチングした時のことです。彼らはダブルダッチという競技の第一人者で、当時のギネス記録の保持者でもありました。彼らの夢はシルク・ドゥ・ソレイユに参加することで、その夢に向けて自分たちを磨き続けていました。そして彼らはついにシルク・ドゥ・ソレイユのオーディションに受かったのです。喜んだのはいいのですが、それからいくら待っても、声が掛からず、宙ぶらりんな状態が続いていたのです。

問い合わせてみても状態はわからず、出てもらいたいプログラムがあれば、声をかけるからと言われるだけで、それ以上のことはわかりません。これまで自分たちの夢を信じて頑張ってきたメンバーも、今後のことを考えると少し不安になってきた、とのことでした。

やっと夢が叶うと思ったのに、いつまでもそれ以上話が進まず、どんな状態なのかわからない。ベストなパフォーマンスを見せるためには、できるだけ若いうちに参加したい。だんだんと歳をとっていくことを考えると不安になるのもわかります。大学時代の仲間たちは、仕事にも慣れ、家庭を持ったりしているものもいる。それに比べて、夢はあるけれど、安定しているとはいえない自分たち。もしこの夢が叶わなかったら、自分たちは何のために時間を使ってきたことになるのだろう？

自分たちがどんな存在なのかを思い出す

その日、僕は考えがあって、ちょっとした体育館のような、大きな部屋を借りていました。そして彼らに自分たちのパフォーマンスができるように、ダブルダッチ用のロープとコスチュームを持ってきてもらっていました。

「じゃあまず昔のことから順番に思い出していこう」と言って彼らと部屋の端っこに行きました。最初の質問は「一番古い記憶は？」でした。彼らが口々に話します。

「では、一歩前に進んで、その次の記憶。子どもの頃の記憶で、楽しかったこと、夢中になったことを思い出して。何か一つ教えて」。みんなさすがにアスリートです。それぞれがスポーツに取り組み活躍した思い出などを話してくれました。

「さらに一歩進んで。子どもの頃の誇らしかったことは？」。大会で結果を出せたこと。チームを引っ張ったこと。後輩の面倒をみて、育てたこと。いろいろなエピソードが思い出されます。

「では、中学、高校と、自分たちがどんなふうにチャレンジを重ね、周りに影響を与えてきたのか思い出して」。またみんなで記憶をたどります。先輩や後輩の話。ライバルの話。切磋琢磨しながら、チャレンジを重ねてきた、歴史がここでも語られます。

「ダブルダッチに最初に出会った時を思い出して。何にこんなに魅了されたんだろう？ダブルダッチを通じて、どんな人たちに出会った？　誰が印象に残っている？　その人に何を伝えたい？」様々な問いかけを重ねながら、自分たちの歴史を振り返り、自分たちの想いに気づいていきます。

「そしてこのチームのメンバー。どうしてこのメンバーなんだろう？　どうして？」彼らは沈黙の中で、お互いが一緒にいる意味を探していました。

子どもの頃から、現在まで少しずつ前進しながら過去を思い出してきて、気がつけば部屋の真ん中あたりまで移動してきました。「こうやって自分たちの歴史を思い出してみて、いまどんなことを思う？」彼らはまた口々に答えます。頑張ってきた。たくさんの人に支えられてきた。いつでも最前線を切り開いてきた。みんなの希望とか夢になりたかった。先輩やほかのパフォーマーたちにも刺激を与え、高め合ってきた。こんなことを口にしながら、自分たちがどんな人生を生きてきたのか。自分たちはどんな存在なのか、を思い出してくれたようでした。

弱気になると、これまで一生懸命やってきたことや、自分が大切にしてきたことも、意味がないもののように思えてしまうことがあります。僕は別に、これまでのことを大切にして、これからもそれを続けて欲しいと思っているわけではありません。ただ彼らに、自分たちが何を大切に生きて来たのか。どんなふうに、自分のやりたいと思うことをやってきたのか。そしてどのように自分で人生を切り開いてきたのか。助けてくれた人のこと、自分たちが刺激を与えてきた人のこと。そんなことを思い出して欲しかったのです。自分たちは、やろうと思えば何でもできるんだ。そう思ってもらった上で、本当にチャレンジしたい夢を一緒に探したかったのです。

自分たちの本当の目的がわかった瞬間

「じゃあ、未来について考えよう。想像してみて欲しい。この先、何でも夢が叶うとしたら、どんな夢を叶えたい？」

しばらくの沈黙がありました。そして答えは「やっぱりこのメンバーでシルクに出たい。世界で最高の舞台だから」というものでした。

「じゃあ、その夢を叶えてみよう」と声をかけて、未来に向けて全員で大きく前に踏み出しました。

「どのプログラムに出たい？」と問いかけると、すぐに答えが返ってきました。みんなで、そのプログラムをやっている会場のステージや客席をリアルにイメージして、どのタイミングで自分たちのパフォーマンスが入るかを決めて、実際に参加しているつもりで、本気でダブルダッチのパフォーマンスをしてもらいました。このために大きな部屋を用意したり、彼らにコスチュームを持ってきてもらっていたのです。

自分たちが登場するタイミングをイメージします。その前にパフォーマンスをしているパフォーマー。そして観客の様子。そしてステージに出て行って、自分たちの最高のパフォーマンスを見せます。それをしながら、観客の様子や、ほかのパフォーマーたちの様子も想像してもらいます。

そして僕は問いかけます。「どの瞬間に一番心が動くかを探して。何をしている時？何を見た時？　何を聴いた時？　何を感じた時？　いつ一番心が動くか探して！」

何度もパフォーマンスを繰り返しながら、彼らにイメージしてもらいました。どの瞬間に心が動くのか。一番難しい技を決めた時なのか？　自分たちらしいパフォーマンスに歓声が上がった時なのか？　最後に観客がスタンディングオベーションした時なのか？

「わかった！」一人のメンバーが声を上げました。「舞台袖からほかのパフォーマーたちが俺たちを見てる。日本からすげー奴らが来たって目で見てる。負けてられない。俺らももっとやろう、って顔してる。それを見た時、一番心が動く」

それを聴いた瞬間。メンバー全員の顔が変わりました。自分たちの本当の目的がわかった瞬間です。

「シルク・ドゥ・ソレイユにはすごいパフォーマーがいる。その人たちに少しでも刺激を与えられる自分たちでいたい。技術的にも人間性でも。そして世界中のパフォーマーたちが、お互いに刺激し合って、全体のレベルが上がっていったら、本当に素晴らしい世界になる。それがやりたいんだ」

いまできることから、自分たちの目的を叶える

ゴールの先の目的が見つかった時。人は最初のゴールから自由になります。このケースでいうと、必ずしもシルク・ドゥ・ソレイユでなくてもよくなるのです。世界中のパフォーマーに刺激を与えることができるのなら、ほかの手段でもいいのですから。

そこで彼らとあらためて何をゴールにするか話をしました。すると「もちろんシルク・ドゥ・ソレイユに参加したい。けれどいま、ほかにもできることがある」と言うのです。

２０１１年。ちょうど東日本大震災の直後でした。彼らは大学の後輩が被災したこともあり、かなり早いうちからボランティアのために現地入りしていました。瓦礫の片付けなどできることを手伝いながら、余震が続く中、避難所になっていた小学校の体育館を訪問したそうです。薄暗い中、たくさんの布団が敷き詰められ、疲れ切った表情で横たわる大人たちや、表情の乏しい子どもたちがいました。

パフォーマーである彼らは、車にそのための道具は積んでいました。けれどもちょっとパフォーマンスを見せるような雰囲気ではなかったと言います。でも自分たちができることはダブルダッチだ。それを見て元気になってもらいたい。そう思い意を決して、おじいちゃんおばあちゃんの布団をずらしてもらって、そこで短いショーをさせてもらったそうです。

するとおじいちゃん、おばあちゃんが泣いて喜んでくれたのです。「避難して来て、孫たちが笑っているのを初めて見た」と。それ以来、彼らは時間を見つけては、東北の避難所に通い続けていました。

彼らは、自分たちがやってきたことでよかったと気づいたのです。被災地に通い続ける。東北のすべての小学校に行くつもりで、自分たちの本気のパフォーマンスを見てもらい続ける。それをビデオにとってYouTubeで発信する。トップレベルのパフォーマーが、本気で勇気づけをしている姿を見てもらう。そしてほかのパフォーマーたちも巻き込んでいく。そうしたらたくさんのパフォーマーが社会に貢献することになる。これだって自分たちの技術や人間性で、たくさんのパフォーマーを刺激して、幸せな世の中をつくることに近づく道だ。彼らはそう思ったのです。

彼らはその道を突き進みました。たくさんの人々が彼らに勇気づけられました。彼らの発信に気づき、応援してくれる人も出てきました。刺激を受けて自分たちもチャレンジする人たちも生まれました。彼らはいまできることから、自分たちの目的を叶え始めたのです。

そして、そんな中。一本の電話が鳴りました。シルク・ドゥ・ソレイユからプログラムへの参加依頼でした。シルク・ドゥ・ソレイユの人たちは、彼らの取り組みに気づいたようでした。世界最高のパフォーマンスは、とても危険を伴うパフォーマンスでもあります。技術だけでなく、人間的にも信頼できる人たちと共にステージをつくりたいはずです。被災地で最高のパフォーマンスを見せ続ける彼らの姿を見て、シルク・ドゥ・ソレイユの人たちは、出演依頼をしてきたのです。

最初に呼ばれたのはカナダのケベック州でのプログラムでした。僕も現地まで行かせてもらいましたが、素晴らしいものでした。ショー自体も素晴らしかったですが、カプリオールのメンバーのあり方に感動をしました。

誰よりも熱心に練習する。みんなに声をかけ笑わせる。宿舎から会場までゴミを拾いながら移動したり、街の人たちともコミュニケーションを大切にしたり。まさに技術的にも人間性でも、こうありたいと思っていたことをやり続けたのです。

そして、そのプログラムが終わった時に彼らは表彰されました。理由は「もっともチームをインスパイアした」ということでした。

❷ 「タイムライン」の編集を手伝う

大切な「体験」を共につくるスキル

この本では、コーチングの基本を理解して、シンプルかつ結果の出るコーチングができるようになってもらうために、「基本モデル」を中心に解説をしてきました。

コーチングで使うモデルや、スキルはほかにもたくさんあります。それらの中で、僕が大切にしているのがクライアントと「体験」をつくるということです。

変な話ですが、タイムマシンが完成したら、コーチングはいらなくなると思います。というのも、タイムマシンにのって、様々な未来を体験することができたら、クライアントは、その中から、自分の本当に望んでいるものを知ることができるでしょう。そして望んでいることの実現のためのアイディアを得ることもできるはずです。もちろん過去の様々な出来事の現場に行き再体験することもできますから、これまでの人生の出来事から、自分らしく幸せに生きていくためのヒントもいくらでも手に入れることができるのです。

そして、「強烈な体験」は、あっという間に人を変えます。百聞は一見にしかずと言いますが、その通りなのです。人から聞いた話では動かなかった心が、直接体験することで変化するのです。直接体験することの効果は大きいのです。

ここで紹介した事例も、アドラー心理学の考え方に基づいて行われていますし、エピソードエッセンスのマトリクスや、「GROWモデル」などを使ったコーチングの応用です。ただし体験をつくるというスキルによって、非常にパワフルな結果が生まれているのがおわかりでしょうか。

例えば、未来の場面を描く場面で、シルク・ドゥ・ソレイユでのプログラム参加をリアルに体験してもらう部分などがそうです。クライアントのイメージ力を総動員して、つくり上げた未来のイメージに没頭してもらうような関わりをコーチができると、あたかもバーチャルリアリティの世界を体験しているかのように、未来の世界に臨場感を感じ始めて、現実に体験しているのに近い状態になります。

そうすることで、その中で、本当に感情が動きだし、その感情を感じてもらいながら、どの瞬間に感情がピークを迎えるのかを探索することで、彼らは自分たちにとって何が重要なのかを発見することができました。

「できる感」を向上させる

そして、先ほどの紹介の中では解説しませんでしたが、このシーンはほかにも効果を生み出しました。例えば、自己効力感の向上です。十分なリアリティを感じる未来のシーンの中で、最高のパフォーマンスをする体験をしてもらいました。リアリティを感じてしまえば、脳は仮想体験と現実体験の区別をつけられません。実際に体験したのと同じことになってしまうのです。未来のことなのに、すでにできた体験として処理されるので、クライアントの効力感=できる感が向上するのです。

過去の体験もそうです。忘れかけていた過去の成功体験を掘り起こし、強い感情を伴って再体験してもらいました。そうすることで埋没しかかっていた過去の体験に、再びしっかりとスポットライトが当たるのです。

このことはクライアントに大きな影響を与えます。いわば自分の歴史が書き換わるような体験になるのです。人間の脳は、強烈な感情を伴う体験をしっかりと記憶しようとします。過去の良かった体験を掘り起こし、強い感情と共に体験し直すことで、自分の過去の歴史の中で、何にスポットライトを当てるかが変わっていきます。そうすると、自信を失いかけていたクライアントが、自分の能力を実感できて、自然と自信が溢れてくるような変化が起こるのです。

相手の「タイムライン」の未来に場所に配置する

クライアントは内的な世界に、過去と未来の出来事のイメージを持っています。過去と未来を結ぶ線の上に、過去の出来事と未来の出来事のイメージを置いていると思ってください。この線のことを私たちはタイムラインと呼んでいます。

問題はこのタイムライン上に何が乗っているかです。このコーチングの前半では、過去の達成感を伴う出来事を強い感情と共に、再体験してもらいました。そのことでクライアントは過去のタイムライン上にこれらの出来事をしっかりと配置したのです。それによって、自分はできるという自己効力感が向上します。そして未来を仮想体験した場面では、自分らしく活躍している出来事を強い感情と共に体験してもらいました。これが彼らのタイムラインの未来に場所に配置されたことで、この未来こそが自分の未来であると自然と思えるようになるのです。こうしてタイムラインを編集するのです。

❸ 倒れた母親か、海外でのキャリアか？

ある公開コーチングでの相談から

次の事例を見てみましょう。ある講演会での出来事です。アドラー心理学の考え方を伝えた上で、実際にどなたかを相手に公開でコーチングをしてみようと提案しました。その時どうしても受けたいと出てきてくれた女性の話です。

講演会が終わったらすぐに飛行機に乗ってハワイに帰らなくてはいけない。だからコーチングを受けられて良かった。と彼女は言いました。18歳の時にハワイに行き、現地で結婚して、子どもが生まれた。その後離婚はしたけれども、仕事を転々としながら、子どもが大学進学するところまで頑張ってきたそうです。しかも進学先はアメリカでもトップレベルの大学。将来は研究者になりたいという息子の先も見え始め、いまの仕事はやりがいもあるし、マネージャーのポジションも得ることができた。ようやく自分の人生を生きていると思えた時にそれが起こったと言うのです。

Cl「母が倒れたと連絡があったんです」

Co「そうですか。それで……」

Cl「慌てて帰国したのですが、一命は取り留めました。母はしばらく大丈夫だと思います」

Co「それは良かったです」

Cl「ただ、母を心配した親戚が、これまで好きなように生きてきたんだから、帰ってきて母さんを安心させたらどうなんだ？　と言うのです」

Co「なるほど。言われてどうでした？」

Cl「言ってることはわかります。ただ私もずっと子育てで精一杯で、そのために仕事もしていたようなものです。これからなんです。ようやく仕事もやりがいが出てきたし」

Co「そうですか。お母さまは何と？」

Cl「母は帰ってきてくれとは言いません。ただ私がハワイへ戻るのは、寂しそうではありました」

Co「そうですか」

Cl「でも、日本に帰ったとしても、田舎ですから仕事もないんです。大学生の息子に仕送りをしないといけないから、困ります。スーパーでレジ打ちくらいはさせてもらえるかもしれないけど。これまで積み重ねてきたものも生かせないし」

Co「うーん」

Cl「何年もそんな生活をして、そうしたらもうハワイに戻ることもできなくなるのではと思います。そうなったら私の人生って一体何なんだろう？」

Co「なるほど」

相手が本当に望むものは？

この日、公開コーチングのための時間は25分でした。それほど悠長に聴いている時間はありません。ここまではゆっくりと話しを聴いてきた僕は、ここで未来へと水を向けました。

Co「変なことをきくのですけど、よろしいですか？」

Cl「何でしょう？」

Co「もし仮に、お母さまのことが何も心配なくなったとして、あなたは、どんな未来を生きたいですか？　これが最高の未来だ、というのを教えてもらいたいのです」

Cl「最高の未来……」

しばらく沈黙がありました。

Cl「やっぱりハワイにいます。ハワイで仕事を続けています」

Co「なるほど。その時仕事はどんなふうになっているんだろう？」

Cl「そうですね。職場ではみんなが自立して和気あいあいと過ごしています。私ももっと結果を出しているけど、みんなも結果を出したり、時にはフォローしてくれたり」

Co「いいですね。では仕事以外の時間をどんなふうに過ごせていたら最高の人生だと思えるんでしょう？」

Cl「うーん。そうですね。息子が帰ってきます。大学で研究者としての道を進んでいると思いますけど、休みになると私に会いに帰ってきてくれて、一緒の時間を過ごすんです」

Co「そうですか。では想像してみてください。その時のことをイメージしてみて。息子さんと例えばどんな会話ができていたら、あなたは最高に幸せなんでしょうか？」

Cl「うーん。息子が、そう、いまの研究が最高に楽しいと、とてもチャレンジングだし、それができていることが幸せだと。うーん。そうですね。素晴らしい人たちがいっぱいいいると。お互いに刺激しあえて、素晴らしいと」

Co「なるほど。さらにイメージしてみます。息子さんが何と言っているのをきいた時にあなたは、もっとも嬉しく思うのでしょうか？」

Cl「あー。そうですね。そうか！　たくさんライバルがいるけど、お母さんが一番のライバルだ、と息子が言います！」

Co「どういうことでしょう？」

Cl「僕がチャレンジできてるのは、お母さんが一番のチャレンジャーだったからだ。僕もお母さんのようなチャレンジャーでありたい。そんなことを言ってくれています」

未来のイメージの中で、はちきれんばかりの笑顔。それはとても誇らしい表情でもありました。

Co「これからも息子さんの一番のライバルであり、チャレンジを続ける存在でありたい。一緒に、それぞれの道で成長して行きたい。そんな感じでしょうか？」

Cl「はい。それが私の望んでいることです」

彼女は、ゆっくりと、しかしはっきりとそう言いました。

いったん現実に戻って考える

ひと呼吸おいて、お互いに少し落ち着いてから、僕は彼女の前に一つ椅子を用意して、こう伝えました。

Co「それでは、また現在に戻りましょう。この椅子にあなたのお母さんが座っているとイメージしてください。お母さんはどんな表情で座っていそうですか」

Cl「寂しそうな感じで、一人でボーッとしている感じです」

Co「では、その椅子にお母さんの代わりに座ってみてください。寂しそうに、一人で座っている感じで、お母さんの気持ちを少し感じてみてください」

Cl「はい」

Co「では、これから僕が、お母さんに話しかけます。お母さんなら、何と答えるか、お母さんになったつもりで想像して、お母さんの代わりに答えてみてください」

Cl「わかりました」

Co「お母さん。ご無事で良かったです」

Cl「ありがとうございます」

Co「ねぇお母さん。お嬢さんが18歳でハワイに行くと言った時、こんなに長いこと頑張れると思いましたか？」

Cl「……いや、全然。大変ですぐ帰ってくると思っていました。でも言い出したらきかない子だから」

Co「そうですか。すごいですね。あれからもう本当に長い間。お孫さんのことも向こうで育てられて」

Cl「はい。外国で、離婚も経験したりして大変だったろうに、あんなに頑張ると思いませんでした」

Co「お嬢さんがハワイに行って、寂しかったかも知れませんけど、良かったこともあったとしたら何ですか？」

Cl「そうですね……ハワイに行って色々なところに連れて行ってもらえたのも良かったし、逆に向こうの友達をつれて、日本に観光にきてくれた時も、本当に楽しかった。孫も可愛いし、よくできた子だし」

Co「そうですか。素晴らしい体験もいろいろあったんですね」

Cl「はい。本当にそうです。得難い体験をさせてもらいました」

Co「ねぇお母さん。いま、お嬢さんは悩んでいます。ずっと離れていたから。こんな状態でお母さんに寂しい思いをさせたくない。けれど同時に、仕事のチャンスを活かして、息子のチャレンジを応援し、彼の刺激でもあり続けたい。ねぇお母さん。お嬢さんに本当は何て伝えたいですか？」

しばらく時間が止まりました。僕からは彼女が、自分の中に浮かんできた言葉が本物かどうか、吟味しているように見えました。

Cl「帰ってこなくていい。帰ってこなくていいよ。お前の人生だから。私はまだ大丈夫。やりたいことやりなさい。そうやってきたんだし、それで良かったんだよ。私も幸せなこといっぱいあったから。それでいいんだよ」

話しながら彼女は泣いていました、僕も泣いていました。

彼女に椅子から立ってもらい二人で深呼吸しました。彼女が落ち着いてから、再び問いかけます。

Co「さっきのお母さんの言葉。リアルな感じがしましたか？」
Cl「はい。母はきっとああ言ってくれると思います」
Co「そうですか。では、あなたが答える番ですね。ああ言ってくれるお母さんに対して、あなたは何と伝えますか？」

それぞれの答えを一緒に探す

数十秒ほどの沈黙がありました。目を開いた彼女には、一切の迷いが感じられませんでした。

Cl「私は帰りません。でも帰ります」
Co「えっ？　どういうことでしょう」
Cl「ハワイで仕事を続け、日本に帰ってくることはありません。でも母が病気であろうがなかろうが、これまでよりもっと、定期的に日本に帰ります。母との時間を過ごしたいから。それが私の答えです」

僕はとても嬉しくなりました。

Co「お母さんは何と言うでしょうね」

Cl「きっと喜んでくれると思います」

Co「息子さんは、どう感じるでしょうね」

Cl「私らしいと思ってくれると思います。ですし、私は息子にも自分の人生を生きて欲しいので、これがいいのだと思います」

Co「あなたのこの決断は、あなたのチームのメンバーにとっては、どんな意味がありそうですか?」

Cl「そうですね。これから彼らに助けてもらわないと。でもそのことはきっと彼らの成長につながると思います」

相手のクリエイティビティに火をつける

最初は途方に暮れていた彼女ですが、最終的には自分で「こうしたい」と決断をしました。彼女は、彼女自身の心に触れ、お母さんの心に触れ、息子さんの心に触れ、自分で納得感のある答えを出したのです。似たようなケースでも、ほかの人なら、ほかの答えが出てくることもあるでしょう。それでいいのです。それぞれの人生ですから、それぞれの答えがある。それを探していきたいのです。

変化のポイントになったのは、まずは未来の自分、自己実現している自分に触れたところだと思います。息子にライバルと言われるくらいチャレンジャーな自分。そして寂しさの奥にあったお母さんの気持ち。これらに触れた時に、彼女の中にあるクリエイティビティに火がつき、みんなにとっての素晴らしい未来につながる一手が生み出されたのだと思います。

❹「ポジションチェンジ」の活用

他人の感情や思考をリアルに体験させる

いかがだったでしょうか？　このケースではクライアントは、お母さんの立場を体験し、お母さんの心の奥底にあるだろう気持ちを感じとることで変化しました。このスキルはポジションチェンジといいます。相手の立場をリアルに体験してもらえると、クライアントの考え方が変化していきます。実は第1部の僕の過去の上司との事例を始め、これまでにもポジションチェンジのスキルを使っているシーンはご紹介しています。

このセッションは公開で行われたものですが、このようなコーチングを見てもらうと、毎回のようにされる質問があります。「お母さんの椅子に座った時に出てきた言葉は、本当に真実なのですか？」というようなものです。

それが真実かどうかは僕にはわかりません。僕が大切にしているのは、クライアントに可能な限り、相手（この場合はお母さん）になりきってもらうことです。現場の僕はまるで実際のお母さんがそこに来たかのように、口調も態度も切りかえて、問いかけています。そしてクライアントの中に眠っている、昔の出来事の記憶を蘇らせて、お母さんになりきってもらおうとしているのです。

「相手」でなければ答えられない質問を投げかける

なりきってもらうコツを簡単に説明します。お母さんになりきらないと答えられないような質問を相手に投げかけるのです。そうすると相手はその答えを見つけるために、自分の中にあるお母さんの記憶を総動員して、お母さんが答えそうなことを見つけ出そうとするのです。実際には様々な工夫が必要なのですが、このような考え方で、本人がリアリティを感じるような答えを導き出していくのです。

そのかいあって、その後

「さっきのお母さんの言葉。リアルな感じがしましたか？」

「はい。母はきっとああ言ってくれると思います」

というシーンがありましたが、クライアントは実際に強くリアリティを感じていたようです。

真実かどうかはわかりませんが、過去の経験に照らし合わせてリアリティを感じたわけです。そして、そのお母さんの気持ちに真剣に応えようとする中から、これまでは考えもしなかった自分の答え「帰らないけど帰る」を発見するに至ったのです。

お母さんは弱くかわいそうな人。自分は好き勝手やってきた人。こんなふうに捉えていたら、クライアントは、帰るかどうかで悩み続けるかもしれません。ところがお母さんの立場をリアルに感じた時に出てきた言葉、

「帰ってこなくていい。帰ってこなくていいよ。お前の人生だから。私はまだ大丈夫。やりたいことやりなさい。そうやってきたんだし、それで良かったんだよ。私も幸せなこと

いっぱいあったから。それでいいんだよ」

そこに強いリアリティを感じることができたことで、お母さんや自分に対する認知が変化したのです。

強く愛情深いお母さん。自分の人生を生き、お母さんを喜ばせもした自分。と思えるようになったのです。だから、本当に自分と相手を大切にするということはどういうことだろうかと考えることができ、最後の結論が導かれたのだと思います。

心が強く動く体験をした時に、人は意識を変える

このように他人の感情や思考にリアルに触れてもらうことで、クライアントが自分に対する認識や他人に対する認識を変えることも手伝うこともできるのです。

クライアントに「体験」してもらうことの効果を知ってもらうために二つほど事例を紹介しました。人は心が強く動く体験をした時に、意識を変えるのです。コーチングの中でクライアントとリアルな体験をつくれるようになると、単なる仮説づくりを超えて、クライアントが確信を持って行動することをサポートできるようにもなるのです。

どのようにしたらクライアントにリアルな体験をつくれるのか、ということもそうですが、ほかにもこの本だけではとうてい伝えきれない、様々な側面をコーチングは持っています。興味を持ったらぜひコーチングの世界にもう一歩足を踏み入れてください。

コーチングとは、人の可能性を発掘、開花させること

まずはあなた自身、コーチングを受けてみてください。そしてこの本で読んだことを自分自身に体験させてあげて欲しいのです。

コーチとの相性や、タイミングなど様々な要素がありますから、最初から思うような変化が起こるかどうかはわかりませんが、何人かのコーチから、何度かコーチングを受ける中で、この本で紹介されたような可能性がコーチングにあることを感じてもらえるのではと思います。

その上で、ぜひ見様見真似でもかまいません。コーチングを始めてみてください。こちらも最初からはうまくいかないかも知れませんが、何度も基本に戻り、シンプルに丁寧に

コーチングをしようとしていれば、どこかで手応えを感じ始めるはずです。

その先には、大きな可能性が待っています。コーチングは、人の可能性を発掘、開花させるものです。多くの人々がこのことに魅了され、様々な考え方やスキルを開発してきたのです。もしあなたが求めるなら、それらに触れ、自分のものにするチャンスはたくさんあります。

第6章　制約のない未来を考える　コーチングの可能性

❶ 脊椎損傷のクライアントとの付き合いを通じて

突然の大病から10年以上が経過して……

最後に石川さんという女性の話をします。女手一つで育てたお嬢さんが結婚することになり、ほっとしたのも束の間、石川さんは、突然倒れて意識不明となり病院に担ぎ込まれました。数日経って目を覚ました時には、全身が動かず、主治医の先生からは「脊椎損傷」のため、今後一生、首から下が動かないと宣告されたそうです。

「その時はバチが当たったと思った」と石川さんは教えてくれました。一人で子育てするのが大変で、仕事から帰って来た後、子どもが泣きやまないと、どうしていいかわからず叱ってしまい、時には手を上げることもあった。子どもが寝静まった後、抱きしめて泣いて謝った。でも翌日にまた繰り返すこともあった。中学生になった子どもがグレても、自分の育て方が悪かったのだと思い、彼女の友達も含めて、うちに招いて、ご飯を食べさせるなどしていた。あそこの家は不良の溜まり場だと言われ、そんなことはない、みんないい子たちだとかばってきた。その後もやれることはやってきたつもりだったけど、やっぱり子どもに手を上げるような人間だから、バチが当たったのだ、と。

でもこの身体で生きながらえるのは嫌だった。せっかく結婚することになった娘に面倒をみてもらうことになって、また迷惑をかけることになる。だから娘には病院に来るなと言ったし、毎日死にたい死にたいと思っていた。だけど首から下が動かないから死ぬこともできなかった、と。

それから10年以上の時が経ち、石川さんも少しずつ落ち着いてきました。「お母さんが生きているだけでいいんだ」という娘さんの気持ちをありがたく受け入れ、病院で自分の世話をしてくれる人たちに感謝し、大変なことがあっても、日々の幸せに目を向けて、時を過ごすようになっていたといいます。

コーチングを学んだ理学療法士の問いかけ

　そんな石川さんを担当する理学療法士だったのが橋中今日子さん。彼女はコーチングに興味を持ち、僕のスクールに通うようになりました。僕は石川さんの存在など知る由もなく、クラスで「人は望めば何でも叶えられる」「制約を外して夢を描いてもらうことが大切だ」と言い続けていました。

　橋中さんは思いました。確かにそうかもしれない。でも石川さんはどうなんだろう。制約を外して夢を描いても、首から下が動くことはない。だったらそんな夢を描いてもらうことにどんな意味があるのだろう。

　首から下が動かない患者さんに「もし身体が動くとしたら何がしたい？」と問いかけることは残酷に見えるかも知れません。もちろん僕たちコーチは叶えようのない夢を描かせて絶望させたいわけではないのです。では、何のために「制約を外して」夢を描いてもらうのでしょうか。数ヶ月間クラスに参加する中で、橋中さんは、その意味を理解し、リハビリ中の会話の中で石川さんに問いかけるようになりました。

「石川さん。もしね、もし石川さんの身体が自由に動くとしたら、どんなことしてみたい？」石川さんは答えます「別にそんなのないよ。いまだって十分幸せだから」。「そっか。じゃあ、何かやりたいことに気づいたら教えて。石川さんがやりたいと思ってることが知りたいから」

こんなやりとりが何度かあったそうです。「別にないよ」と答える石川さんに何度も問いかける。僕はここにコーチの姿勢を見るのです。相手の心の扉を何度もノックし続ける。やさしく。タイミングを見ながら。大切な質問は何回でも投げかけるのです。ロジャーズは言います。心の扉は内側からしか開かない。相手が自分で開けてくれるのを待つのだ、と。

スクールに参加するようになって5ヶ月目のある日。橋中さんはまた石川さんに問いかけました。「ねぇ石川さん。もし何でもできるとしたら何がしたい？」その日、普段は饒舌な石川さんは何も答えませんでした。ジッと黙り込み、言葉の代わりにポロポロと大粒の涙がこぼれ落ちました。そして石川さんは口を開きます。「ずっと無かったことにしてた。だけど、やっぱり孫のことをこの手で抱きしめたい。孫が生まれた時、こんなに嬉しかったこともなかったし、こんなに悲しかったこともなかった。こんなに可愛いのに、私は抱きしめることもできない。だから、そんなこと考えないことにした。でも、何でもできるっていうのなら……」

夢の中に隠れていた「大切なもの」は、別の形で叶えることもできる

私たちは絶望させたいわけではありません。むしろ希望を探したいのです。だから一緒に探したいのです。「抱きしめる」目的は何なのか？　を。

なぜ抱きしめたいのだろう？　答えは様々です。「つながりを感じたい」「一緒に生きてると実感したい」「孫に全身で愛情を伝えたい」「孫の人生を祝福したい」。抱きしめたいは叶わないかも知れませんが、その目的に気づいたら、目的を満たす別の方策が見つかるかもしれないのです。

コーチの問いかけを受けて「孫とのつながりを感じたい」「自分にとってどれだけ大切な存在なのかを孫に伝えたい」そんな自分の気持ちに石川さんは気づくことができたそうです。そして、抱きしめられないとしても、その代わりに何ができるのかを考え始めました。

いかがでしょうか。脊椎損傷で首から下は一生動かないと宣告されている相手とでも、信頼関係のもと、思考実験として、もし何でもできるとしたら？　と考えてみる。僕たちコーチは、もしそうできるなら、それをしてみたいのです。そうしなかったら「抱きしめる」ことを諦めるだけでなく、孫ともっとつながりを感じたり、愛情を伝えたりしたいと思っている気持ちまで、諦めてしまうことになりかねないからです。

まずは制約を外して夢を描く。そうする中で、自分が本当に望んでいることに気づいていくのです。そしてその想いを踏まえた現実的な目標を立て、そこに向かって動いていく。制約を外して描いた夢は、結果として叶うこともありますし、叶わないこともあります。夢の中に隠れていた「大切なもの」を何か別の形で叶えることはできるのです。

こんなふうに考えてみてもいいかも知れません。まずは自分の中にある子ども心を使って夢を描いてもらう。その次に今度は、大人として経験や知識も生かしながら、部分的にでも現実化していくための手段を考えていく。

夢を叶えるドリーマー、リアリスト、クリティークの3人

ウォルト・ディズニーもそうして夢を叶えたといいます。ドリーマー（夢想家）のウォルト、リアリスト（現実家）のウォルト、クリティーク（批評家）のウォルトと3人の自分を使い分けていたというのです。これが描いた夢を現実にするという、彼のイマジニアリング（想像工学）を支えていたのです。

僕たちコーチもまずはクライアントの中にいるドリーマー（夢想家）と未来を想像したいのです。何ができそうか、できなそうかなどは後回しにして、ひたすら、何が欲しいのか？ どうなったら最高なのかを夢想したいのです。この行為の中で私たちは自分の心が動くものに出会うチャンスを手に入れます。そしてこのような時間を持つことで私たちの心はますますクリエイティビティを発揮していくのです。

それができたら次はリアリスト（現実家）の出番です。どうしたら夢を現実のものにできるのかを検討するのです。「何があったらこの夢は実現するのだろう？」「いまと何を変えたら、この夢が実現する可能性が生まれるだろう？」「どんな形であれば、この夢は叶うのだろう？」などと考えてみます。このように夢を実現するための方法を探し、計画を

立てていきます。「GROWモデル」の世界ですね。

そしてダメ押しにクリティーク（批評家）です。計画を批判的に検討して穴を探すのです。こうすることで計画の穴が「織り込み済み」になり、対策を立てることができるのです。

❷ あなたの関心が世界を変える

制約のない夢が叶えたこと

先ほどの石川さんの話には後日談があります。

コーチングで自分の大切な想いに気づいた石川さんは、いまの自分にできることは何だろうと真剣に考え始めたそうです。あれやこれやと考え、イメージする中で、突然自分の左肘が少し曲がりそうなことに気がつきました。でもその時は怖くて曲げることはできなかったそうです。

次のリハビリの時間に、石川さんは恐るおそる、そのことを橋中さんに告げました。橋中さんの「曲げて見せて」という言葉を受けて、力を入れたら、ほんの1センチほどでしたが、肘が曲がったのです。もう一生首から下は動かないと言われていた身体なのに。そしてそこから1年ほどのリハビリの取り組みの結果、左の手を右肩の方向に大きく動かせるようになるまで回復したのです。抱きしめることはできませんでしたが、相手の身体に触れるような動きならできるようになったのです。石川さんがそのことを伝えてくれたのがきっかけで、僕も石川さんに会いに行くようになりました。

僕はコーチングを受けたら、脊椎損傷から回復すると言いたいわけではありません。真相はわかりませんが、きっと石川さんの左手はそもそも動く余地があったのではないか、と思っています。脊椎損傷になった最初からか、もしくは途中からなのか、何らか左手は動く可能性はあったのではないか。だからそのことは別に奇跡ではないと思っています。

ただ、石川さんが実際に腕を動かせるようになったことには、コーチングは役に立っています。コーチが何度も制約のない夢に関して問いかけることで、浮かび上がってきた夢。それはコーチが問い続けることがなければ、彼女の中で封印されたまま、終わってしまった夢かもしれないのです。

けれどもその夢は浮かび上がってきた。そしてその夢の中に含まれていた本当に大切にしたかったことを思い出した時、石川さんの実現傾向にスイッチが入ったのです。

それがなければ、左腕が少し動くかもしれないことには気づかなかったかもしれない。もし気づいたとしても、たった1センチ動くことに、希望を見出すことなく、それで終わってしまったかもしれない。

自分の夢に気づいた時、石川さんにスイッチが入った。だから彼女は自分の可能性をすべて使い切ろうとしたのだと僕は思います。

首から下が動かないまま、十数年も病院のベットで寝たきりだった石川さんに比べて、僕はどれだけ多くの可能性を持っているんだろう。私たちみんなに実現傾向のスイッチが入り、私たちの潜在的な可能性がどんどん開花し始めたら、この世界はどんなふうに変わっていくのだろう。

そんなふうに考えた時、一人ひとりの人間が持っている可能性、そしてそれが開花するのを手伝うことができるコーチングの可能性の大きさに圧倒されるのです。

生きていることが持っている可能性にスイッチを入れるのは？

その後、残念ながら石川さんは臓器不全で亡くなりました。危篤の連絡を受けて僕はまた、彼女に会いに行きました。石川さんにはたくさんの管がつながれていました。呼吸器が邪魔で、とても話しにくそうでしたが、彼女は自分の想いを語り続けていました。

また生き延びることができた。絶対にこの人生を生き切る。ベットの上でだって誰かの力になれることがわかったから、苦しんでいる多くの人たちを勇気づけたい、と。

帰り際に石川さんが僕にききました。

「ねぇ、だいじゅさん。いま幸せ？」

危篤状態と言われていたのに、石川さんの目は輝いて、まっすぐ僕を見つめていました。

僕は胸がいっぱいになりました。

「幸せだよ。石川さん。幸せだよ」

それを言うだけで精一杯でした。

それを聞いて石川さんも言いました。

「私も幸せ」

それが、僕の聴いた石川さんの最後の言葉になりました。

石川さんが見せてくれた人の可能性を忘れずにいたいのです。石川さんに限らず、たくさんの人が見せてくれた、人の可能性を忘れずにいたいのです。

生きていることが持っている可能性。できることは想像をはるかに超えてたくさんある。僕らの内側にスイッチが入ること。そこから起こることの可能性ははかりしれないのです。

そして、そのスイッチを入れるのは、私たちが相手に向ける「関心」なのです。この人はどんな人なのだろう。この人の幸せってなんだろう。この人の自己実現した姿ってどんなものだろう。それを知りたいという関心が、心のスイッチを入れ、一見奇跡に見えるようなことを起こしていくのだと僕は思っています。

おわりに――今日から未来

最後までお読みいただきありがとうございました。

「さぁ、何から始めますか？」

コーチである僕は、やはりあなたにこう尋ねたいのです。

この時代にあなたとして生まれてきたのは、あなただけです。だから、あなたにしか描けない夢があります。壮大な夢でも、ささやかな夢でもいいのです。あなたの夢を大切してください。その夢を叶えることができるのは、あなただけです。その夢に向かって進んでください。

そして、いま、周りの人に対して、あなたにしかできないことがあります。例えば、あなたに子どもがいるなら、その子に父もしくは母として、声かけができるのはあなただけです。ほかのどの関係でもそうです。あなたは特別な存在です。チームメンバーに友達に、本当にかけたいと思う声をかけてみてください。

一生懸命なあなたの力になりたい。そう思ってこの本を書きました。器用なコーチも不器用なコーチもたくさんのコーチを見てきました。でもみんな、気持ちは一緒です。もっと相手の力になりたい。僕は第1部で紹介した「高校の文化祭」の頃から、たぶん変わっていないのです。「ちょっと工夫すれば、きっともっとうまく行くから。そのやり方があるから、一緒に試してみようよ」とあなたに言いたいのです。

あなたが、この本から受け取ったものを使って、コミュニケーションを変え始めてくれたらこれ以上嬉しいことはありません。別にコーチングがうまくできる必要はないのです。むしろ一生懸命に相手の話を聴くだけでも、いいのです。それを必要としている相手もいます。相手を感じて、いまできることをやる。それが大切なのだと思います。

私たちが動き始めたら、未来が少し変わります。そしてまた、もう少し動く。そうやって、今日から私たちの未来が始まるのです。

2020年に息子が生まれて僕の人生は変わりました。自然体であるがままに生きて欲しいという願いをこめて「然」と名付けましたが、子どもはまさに自然体です。こちらが息子から日々学んでいます。そして彼が80歳になる22世紀のことを考えるようになりました。

アドラー心理学が産声をあげたのは第一次世界大戦の最中。悲惨な戦争を超えて、人類一人ひとりが幸せに生きる未来に向けてつくられたのです。それから100年以上が経ち、21世紀。世界は良くなった部分も多くありますが、課題もまだまだあります。

人類を含む地球上のすべての生き物にとって、より幸福な22世紀に向けて。知恵を絞って、勇気を持って、協力し合って生きていきたいのです。共に、いまできることから、未来をつくっていきたいのです。僕にとって、コーチングはそのためのものです。

一緒にコーチとして歩いていきませんか？　次の本でも、YouTubeでも、コーチングスクールでも、僕はあなたがジョインしてくれるのを待っています。

最後に。多くの先生、先輩、仲間たちに感謝を伝えます。そして僕のコーチングを受けてくれたクライアント、学んでくれたコーチたちに感謝を伝えます。ありがとう!!　みんなのおかげでいまの僕がいます。

読者のみなさまへ

無料動画＆ワークシートプレゼント

「人生を変える！コーチング脳のつくり方」をお読みいただきありがとうございました。

本書の内容を、さらに理解していただき、実践していただくことで、みなさんの人生がより豊かになるよう「無料動画 コーチング基礎講座」と「セルフコーチングワークシート」をご用意しました。

下記の URL または QR コードから、ぜひご登録ください！

コーチング基礎講座
https://anotherhistory.co.jp/library/

セルフコーチングワークシート
https://bit.ly/3rCwzoJ

YouTube チャンネル「プロコーチ Channel」登録者数 1.28 万人！
連続動画投稿 2192 日！
「プロコーチ養成スクール」卒業生 1,800 人！
＊2021 年 3 月 31 日現在

YouTube 宮越大樹

●なお、本特典は予告なく終了することがありますので、お早めにお申し込みください。また、本書を図書館で利用された方や古書店から購入された方の本特典への申し込みはできません。

宮越大樹（みやこし・だいじゅ）
株式会社アナザーヒストリー、取締役・主任講師。2005年会社員時代にコーチングに出会ってチームマネジメントに開眼。2010年には『プロコーチ養成スクール』を開校し1,800人以上のコーチを輩出。登録者数1万2,800人のYouTube『プロコーチチャンネル』も470万回再生と人気（共に2021年3月末現在）。アドラー心理学や人間性心理学を背景にした解説や、NLPなどを応用したダイナミックなコーチングのデモンストレーションには定評がある。

人生《じんせい》を変《か》える！
「コーチング脳《のう》」のつくり方《かた》

2021年 4月30日 初版発行
2024年 5月 1日 11刷発行

著　者　宮　越　大　樹
発行者　和　田　智　明
発行所　株式会社ぱる出版
〒160-0011 東京都新宿区若葉1-9-16
03(3353)2835—代表 03(3353)2826—FAX
03(3353)3679—編集
振替 東京 00100-3-131586
印刷・製本 中央精版印刷株式会社

ISBN978-4-8272-1278-5 C0034